캄보디아지역법

외법아시아지역법총서 02

國際地域法

캄보디아지역법

김봉철 · 이준표 지음

HU:iNE

외법아시아지역법총서 제2권 발간사

동남아시아 국가연합(Association of South-East Nation: ASEAN)은 인도네시아, 말레이시아, 필리핀, 싱가포르, 태국, 브루나이, 베트남, 라오스, 미얀마, 캄보디아로 구성된 총 10개 회원국에 6억의 인구를 지닌 거대시장으로 한국에게는 미국, 중국, 일본, EU와 더불어 5대 교역시장 중 하나이며, 한류와 인적교류 등을 통하여 문화적으로도 밀접한 연결 관계를 형성하고 있다. 중국이 글로벌 경제의 G2로 부상하고, 미국, 일본, 서유럽 등 전통적 선진경제권에 비하여 신흥경제권의 잠재력이 현실화 되는 가운데, 우리나라는 중국, 일본을 중심으로 한 동북아시장과 동남아시장을 연결하는 중심축으로서 동아시아 지역경제 통합의 선도자로 도약할 수 있는 가능성을 모색하고 있다.

동남아 각국과 경제, 사회, 문화 등 다양한 영역에서의 교류가 확대되는 가운데 이들 국가에 대한 법제와 법문화적 환경에 대한 체계적 연구를 통한 동남아 국가 법제도에 대한 이해의 제고는 보다 내실 있고 지속가능한 상호 협력 관계의 형성을 위한 기초를 제공한다.

한국외국어대학교가 보유한 국내 최고 수준의 외국어교육 및 지역학연구 역량과 40여년 법학교육의 전통을 결합하여 한국외국어대학교 법학전문대학원은 국제지역전문법조인의 양성을 특성화 목표로 지향하고 있다. 특히 한국외대 법학연구소는 국제지역법연구센터를 설립하여 다양한 국가의 법제연구를 수행하고 국제적 식견을 가진 법률가를 양성하기 위한 기반을 형성하기 위해 노력하고 있다.

아시아지역법총서는 한국외대 법학연구소 국제지역법연구센터가 추구하는 다변화된 지역법 연구의 저변확대를 위한 활동의 일환으로서 기획되었다. 이번에 발간하게 된 아시아지역법총서 제2권은 ASEAN국가 가운데 캄보디아 법제를 대상으로 하고 있다. 과거 사회주의경제체제를 탈피하고 시장경제체제를 도입하는 등 개혁을 시도하고 있는 '체제이행국가' 인 캄보디아의 법제에 대한 연구는 체제 전환 과정에서의 법제도 형성과 입헌 군주제국가로서의 특성 등 동남아 국가가 갖고 있는 정치적, 경제적, 역사적 다양성을 반영하는 법제에 대한 연구 사례를 보여준다. 본 연구를 통하여 우리나라와 교류·협력 관계가 강화되고 있는 캄보디아의 법제에 대한 전반적인 이해를 제고할 수 있기를 기대하며, 귀한 연구 성과를 제공해주신 한국외국어대학교 국제학부 김봉철 교수님과 연구진 여러분께 감사의 말씀을 전한다.

한국외국어대학교 법학연구소장

문재완

국제지역법연구센터장

최 철

차 례

제4장 캄보디아의 헌법

제5장 캄보디아의 민법

제1장 서설

제1절 연구의 목적 및 필요성

최근 들어 인도차이나반도를 중심으로 한 한국과 동남아시아의 교역이 활발히 진행되고 있다. 특히 베트남과 캄보디아 등이 과거 사회주의 체제에서 벗어나 대외적인 시장개방정책을 실시하면서 향후 경제협력이 더욱 많아질 것이라고 평가되고 있다. 2010년 한국은 캄보디아에 대한 투자액을 전년대비 856%로 증가시키며 제1위의 투자국이 되었다. 최근 체결된 한-아세안 FTA 및 투자협정의 효과로, 교역 및 투자는 계속 늘어날 것이다.

캄보디아는 적극적인 외자유치를 통한 경제발전으로 2004년부터 2007년까지 연평균 11%의 고도 경제성장을 기록하였다. 2009년에 세계적인 경기침체로 인해 0.1%의 경제성장에 머무르기도 하였으나, 경기가 빠른 속도로 회복되면서 2010년에는 경제성장률이 5.5%로 높아졌다. 아시아개발은행(Asian Development Bank; ADB)은 캄보디아의 이러한 성장세가 지속될 경우 2013년 경제성장률이 7.2%에 이를 것으로 전망하였다. 2014년에는 의류 및 건설 분야가 더욱

성장해 7.5 %에 달할 것으로 예상하고 있다.

이러한 급격한 경제성장률은 국내 기업 등에게 더 많은 진출 욕구를 불러 일으키는 요인이 되며, 많은 기업이 동남아시장 중 캄보디아 시장으로의 진출을 꾀하고 있다. 또한 이러한 추세에 따라 경제 이외의 영역 즉, 사회 · 문화적 교류가 활발히 진행될 것으로 보인다. 실제로 기업이 주도적인 역할을 수행하는 기간산업에 대한 ODA 뿐만 아니라, 비영리 목적의 분야에서도 ODA가 추진될 가능성이 크다. 실례로 일본은 1999년에 캄보디아 법제정비 지원사업을 실시하여 민법이나 민사소송법 등의 정비사업에 크게 관여하고 있다.

국가에 대하여 그 나라의 다양한 영역으로 진출하기 위하여는 일국의 다양한 사회제도에 대한 이해가 반드시 필요하다. 즉 당해 국가의 법제도에 대한 이해가 선행되지 않는다면 진출국과 캄보디아 간에 이해충돌 등 문제가 발생할 여지가 크다. 기본적으로 과거 캄보디아는 사회주의 국가였으나, 사회주의 경제체제를 탈피하고 시장경제제도를 도입하는 등의 개혁을 시도한 소위 '체제이행국가'이다. 캄보디아는 헌법상 자유민주주의와 복수정당제도를 채택하고 있고, 캄보디아 국민이 국가의 주인이라고 규정하고 있다. 또한 3권분립이 인정되고 있으며(캄보디아 헌법 제51조), 입법부는 국회와 상원으로 이루어진 양원제를 채택하고 있는 입헌 군주제 국가이다(캄보디아 헌법 제99조 이하). 캄보디아는 비교적 최근에 체제의 변화를 꾀한 국가이며, 1996년 해외국가에 대하여 법제정비지원을 요청한 이래 약 20년 남짓한 세월이 흘렀으므로 캄보디아 자체에서도 여러 제도가 완전히 안정적으로 정착하지 않았다. 이러한 이유 등으로 현재 국내에서 캄보디아의 법제도 제반에 대한 연구가 거의 진행되고 있지 않으며, 그나마 최근 투자에 대한 관심이 높아지면서 국내에서도 캄보디아의 외국인투자법에 대한 연구가 활발히 진행되고 있다.

따라서 본 연구는 외국인투자법 등 구체적인 법률에 대한 분석보다는 캄보디아 일반법에 대한 내용을 소개하고 이를 통하여 캄보디아 법제의 전반적인 이해를 돕고자 하는데 목적이 있다.

제2절 연구의 범위와 방법

이러한 상황 하에서 본 연구는 캄보디아 법체계 전반에 대하여 알아보고자 한다. 즉 캄보디아 내 하나의 법에 한정하여 그 법을 깊이 있게 연구 · 분석하기 보다는, 캄보디아 국가 전반의 개황을 소개하고 헌법, 민법, 형법, 회사법 등 많은 법의 바탕이 되는 기본법에 대하여 개략적인 내용을 분석하고자 한다.

이러한 분석을 위하여 본 연구는 국내 · 외 각종 문헌의 내용을 바탕으로 진행된다. 특히 캄보디아 법문을 분석함과 아울러 캄보디아의 법제지원사업에 주축이 된 일본문헌 등 외국자료를 중심으로 연구를 진행하고자 한다.

제2장 캄보디아 국가일반

I. 캄보디아 개황

캄보디아의 국명은 캄보디아 왕국(Kingdom of Cambodia)이며, 수도는 프놈펜(Phnom Penh)이다. 캄보디아는 인도차이나반도 동남부에 위치하고 있으며, 베트남, 라오스, 태국과 국경을 접하고 있다. 캄보디아는 약 181,035km2의 국토 면적을 가지고 있으며, 이는 남한의 약 1.8배, 그리고 한반도 전체의 약 80%를 차지한다. 캄보디아는 열대 몬순, 고온다습의 기후를 가지고 있다.

캄보디아의 인구는 약 1,500만 명이고, 민족구성은 전 인구의 약 90%가 크메르(Khmer)족이고 그 외 이슬람교를 신봉하는 참(Cham)족, 중국계와 베트남계의 소수민족으로 구성되어 있다. 중국계 민족은 주로 상업에, 크메르족은 농업에, 참족 및 베트남계 민족은 어업에 주로 종사한다. 시엠레아프(Siem Reap)주 동북부와 캄퐁톰(Kampong Thom) 주에는 약 1만 4,000명의 쿠이(Kuy)족이, 라타나키리(Ratanak Kiri)주에는 약 1만 5,000명의 탐푼(Tampuan)족이, 몬돌키리(Mondulkiri) 주에는 약 3,200명의 스티엥(Stieng)족이 거주한다.

캄보디아의 공식언어는 크메르어이며, 50대 이상의 장년층은 불어도 사용한다. 최근 청, 장년층을 중심으로 영어도 주요 언어로 자리 잡았다.

캄보디아의 종교는 불교(소승불교)로 전 국민의 약 95%가 불교신자이다. 캄보디아 헌법에서는 불교를 국교로 규정하고 있지만, 신앙의 자유를 보장하고 있다. 이슬람교가 3%이고 기독교가 2%이다. 각지에 흩어져 있는 사원은 캄보디아 국민들의 신앙, 교육, 사회활동의 장소로도 쓰인다.

II. 캄보디아의 자연환경

캄보디아는 인도차이나 반도 남동부 캄보디아평원을 차지하며 메콩(Mekong) 강이 중앙을 관류하는 평원국가이다. 북쪽으로는 타이와 라오스의 국경과 접하고, 동쪽과 남쪽으로는 베트남 국경과 접하고, 남서쪽으로는 타이 해안과 접해 있다. 남쪽을 제외한 세 방향이 산지로 둘러싸여 있고, 산지의 중앙에는 넓은 평원이 전개되어 있다. 캄보디아의 기후는 고온 다습한 열대몬순이며 계절이나 지역에 따라 다르다. 3월~5월에는 북서풍이 불고 고온 건조하며 최고 기온이 35℃~40℃이다. 6월~8월에는 남서풍이 불고 고온 다습하다. 9월~11월은 우기로 다습하고, 12월~2월은 건조하며 최저 기온이 20℃이고 최고 기온이 30℃이다.

III. 캄보디아의 역사

1. 고대-앙코르 왕조(~1863)

캄보디아에는 1세기부터 6세기경까지 메콩 델타유역을 중심으로 인도문화의 영향을 받은 후난(Funan) 왕조와 첸라(Chenla) 왕조가 존재하였다. 802년 자야바르만(Jayavarman) 2세가 스스로를 신왕(神王)으로 칭하고 앙코르 왕조를 건설하였다. 앙코르 왕조는 크메르 민족의 전성기(고대 크메르왕국 시대)를 구가하다가, 1431년 샴(현재의 타이)의 침략을 받고 쇠퇴하였다. 1431년 샴의 침략 후, 샴과 베트남의 지배를 번갈아 받으며 왕국의 명맥만 유지하다가 19세기 중반 프랑스 식민지가 되었다.

2. 프랑스 통치시대(1864~1940)

캄보디아는 1864년 타이와 베트남의 지배를 벗어나기 위해 자진해서 프랑스의 보호령으로 편입하였다. 1884년 노로돔(Norodom) 국왕은 프랑스의 강압으로 명목상의 왕위만 유지하고 통치권을 프랑스에 넘겨주는 협정에 서명하였다.

3. 시하누크 시대(1941~1970)

1941년 프랑스는 당시 19세의 노로돔 시하누크(Norodom Sihanouk)를 왕으로 즉위시켰다. 하지만 시하누크는 1945년 3월 12일 일본의 도움을 받아 캄보디아 독립을 선언하였다. 2차 세계 대전에서 일본의 패전 후, 프랑스는 캄보디아에 대한 지배권을 회복하였다. 그러나 1953년 11월 시하누크에게 군사권, 사법권, 외교권을 허용함으로써 캄보디아는 사실상 프랑스로부터 독립하였다. 1955년 시하누크 국왕은 현실정치에 참여하고 왕위를 아버지인 노로돔 수라마리트(Norodom Suramarit)에게 이양하고 인민사회주의 공동체당(Sangkum Reastr Niyum)의 총재로 취임하였다. 같은 해 총선에서 절대적인 지지를 받으며 승리하여 1970년까지 캄보디아 정국을 주도하였다.

4. 크메르공화국 시대(1970~1975)

1970년 3월 28일 론놀(Lon Nol) 장군은 시하누크가 우호국 순방을 하고 있는 틈을 타 쿠데타를 일으켜 성공하였다. 론놀 장군은 시하누크를 모든 공직에서 축출하고 귀국을 불허하였다. 그리고 1970년 4월 10일 크메르공화국(Khmer Republic) 수립을 선포하였다. 론놀 장군은 반정부 세력을 공산주의자로 간주하고 탄압하여 크메르루즈(Khmer Rouge)의 성장을 초래하였다.

5. 민주 캄푸치아 시대(1975~1978)

1975년 4월 17일 폴 포트가 이끄는 캄푸치아 공산당인 크메르루즈가 수도 프놈펜(Phnom Penh)에 입성하여 급진적인 혁명을 추진하였다. 1978년 12월 베트남이 무력으로 캄보디아를 침공하였다.

6. 캄푸치아 인민공화국 시대(1979~1989)

1979년 1월 친베트남 세력인 헹삼린(Heng Samrin), 체아심(Chea Sim), 훈센(Hun Sen)이 이끄는 프놈펜에 입성하여 크메르루즈를 축출하고 캄푸치아 인민공화국(People's Republic of Kampuchea)을 수립하였다. 1989년 10월 베트남은 소련과 동구권의 몰락, 캄보디아 운영에 따른 경제적 부담, 국제 사회의 비난으로 베트남군을 캄보디아에서 철수하였다.

7. 캄보디아국 시대(1989.4~1993.5)

1989년 4월 캄보디아 국민혁명당은 국명을 캄보디아국(State of Cambodia)으로, 당명을 캄보디아국민당(CPP, Cambodian People's Party)으로 개칭하고 사유재산 인정과 민영화 주진 등을 통해서 탈공산주의를 추진하였다. 1990년 국제연합(UN, United Nations) 안전보장이사회는 포괄적인 캄보디아 평화안을 채택하였다. 1990년 10월 캄보디아 4개의 정파는 최고국가평의회(SNC, Supreme National Council)을 구성하기로 합의하였다. 1991년 10월 캄보디아 분쟁의 정치적 해결에 관한 파리평화협정에 대한 서명이 이루어졌다. 캄보디아는 국제연합캄보디아과도행정기구(UNTAC, UN Transitional Authority of Cambodia)와 최고국가평의회에 18개월 동안 통치권을 위임하고 총선을 통한 신정부 구성을 추진하였다. 1992년 3월에는 총 45개국에서 선발된 평화유지군 2만 2,000명이 캄보디아에 파병되어 정전협정의 준수 여부에 대해 감시하였다.

8. 캄보디아 왕국 시대(1993.5~현재)

캄보디아는 1993년 5월 23일부터 1993년 5월 28일까지 국제연합캄보디아과도행정기구(UNTAC, UN Transitional Authority of Cambodia)의 주관 하에서 제1차 총선거를 실시하였다. 같은 해 6월에는 제헌의회를 소집하여 헌법을 채택한 뒤 9월 23일에 공포하였다. 그리고 노로돔 시하누크를 국가수반으로 선출하고 캄보디아 왕국 시대를 출범하였다. 9월 24일 시하누크 국왕이 즉위하였다. 1998년 7월 제2

차 총선 결과에 따라 라나리드(Ranariddh) 왕자가 국회의장으로 선출되었으며, 캄보디아국민당의 부총재인 훈센(Hun Sen)이 총리가 되어 제2대 국회 및 제2기 연립정부가 출범하였다. 2003년 7월 제3차 총선 이후 1년 정도 신정부 구성이 지연되다가, 2004년 7월 라나리드 왕자를 국회의장으로, 훈센 캄보디아국민당 부총재를 총리로 하는 제3대 국회 및 제3기 연립정부가 출범하였다. 2008년 7월 제4차 총선에서 캄보디아국민당은 전체 의석의 3분의 2가 넘는 90석을 획득하고 제4대 국회 및 제4기 연립정부(훈신펙당과 연립)를 구성하였다.

IV. 캄보디아의 경제

캄보디아는 적극적인 외자유치를 통한 경제발전과 정국안정에 힘입어 2004년부터 2007년까지 연평균 11%의 고도경제성장을 이룩했다. 비록 2008년 이후 세계적인 경기침체로 2010년 경제성장은 6.7%에 그쳤으나, 2004년 국내총생산(GDP)이 5,338 달러에서 2010년 11,343 달러로 성장할 만큼 지속적인 경제성장을 달성하고 있다.

캄보디아 정부는 2004년 9월 세계무역기구(WTO, World Trade Organization)에 가입하였다. 이를 계기로 총 46개에 달하는 국내법을 세계무역기구 규범에 맞추어 개정하는 작업을 지속적으로 추진하고 있다. 이에 따라 향후 캄보디아 투자 환경도 점차 개선될 전망이다. 하지만 비효율성과 공무원들의 저임금에 따른 부패현상은 외국인 투자를 유치하는 데 여전히 장애 요소가 되고 있다.

2004년 7월 출범한 제3기 캄보디아 연립정부는 국정 운영을 총괄하는 국가전략(사각전략)을 발표하였다. 그리고 곧이어 국가전략을 구체적으로 이행하기 위한 경제정책 행동계획을 발표하였다. 국가

전략의 주요 골자는 지속적인 경제성장에 걸림돌이 되는 분야별 과제를 선정하고, 이를 해결하기 위한 상설기구를 설치하는 것이다. 또한 캄보디아 개발위원회(CDC, Council for the Development of Cambodia)의 기능을 외국인 투자유치를 확대하기 위한 수단으로서 대폭 강화하는 내용을 포함하고 있다.

2008년 9월 출범한 제4기 캄보디아 정부는 제3기 정부의 사각전략을 1단계로 규정하고 제2단계 전략을 발표하였다. 2006년 3월 제8차 원조공여국 회의가 열렸다. 이 회의를 계기로 캄보디아 정부는 사각전략의 구체적 이행과 캄보디아 새천년개발목표 달성을 위한 우선순위 목표를 제시하였다. 또한 전략적 국가전략개발계획(NSDP 2006~2010)과 전략적 국가개발계획 수정본(NSDP 2009~2013)을 제시하고 추진하고 있다.

캄보디아의 수출입 동향은 다음과 같다. 캄보디아의 수출은 2007년 41억 달러, 2008년 47억 달러, 2009년 43억 달러, 2010년 52억 달러로 지속적인 증가 추세에 있다. 캄보디아의 주요 수출 품목은 봉제의류, 고무, 목재로 매우 제한적이며 일반특혜관세(GSP, Generalized System of Preferences) 품목을 제외하면 대부분이 1차 산업이다. 주요 수출대상국은 미국, 홍콩, 독일, 영국, 캐나다, 베트남이다. 일반특혜관세 수출은 대부분이 봉제 · 섬유관련 품목이며, 봉제류 80% 이상은 미국으로, 나머지는 유럽연합(EU, European Union)과 일본으로 수출된다.

캄보디아의 수입은 2007년 54억 달러, 2008년 65억 달러, 2009년 59억 달러, 2010년 69억 달러로 증가 추세에 있다. 수입이 증가한 이유는 국내 소비재 수요 급증, 원유가 상승, 봉제용 직물과 원부자재 수입 증가, 건설경기 호조에 따른 건축자재 수입이 증가했기 때문이다. 캄보디아의 전체 수입 실적 중 제3국 재수출용 수입 품목이 차지하는 비중은 전체의 30%이다. 재수출용 수입이 많은 비중을 차지하는 이유는 직물을 비롯한 원자재를 캄보디아에 무관세로 수입한 다음, 가공하여 제3국으로 재수출하는 물량이 급증하고 있기 때문이다. 캄보디아의 주요 수입 품목은 자동차, 식음료와 의약품, 건축자재, 담배, 금, 석유, 오토바이, 의류이다. 주요 수입 대상국은 홍콩, 타이완, 타이, 베트남, 싱가포르, 한국, 일본이다.

V. 캄보디아의 산업

캄보디아의 산업 중 1차 산업은 캄보디아의 전체 국내총생산(GDP)의 약 30%를 차지할 만큼 큰 비중을 차지하고 있다. 캄보디아 전체 노동인력의 약 72%가 농업에 종사하며 정부차원의 많은 노력을 기울이고 있다. 그러나 농업의 경우 토지소유권 분쟁, 관개시설 미비, 생산성 향상기술 미흡, 농자재 생산 및 수급 미흡, 유통구조 및 농업연구 R/D투자 미흡을 비롯하여 농업에 대한 전반적인 인프라가 열악하여 모든 작물의 생산성이 저조한 편이다.

캄보디아의 2차 산업은 일반적으로 규모가 작고 영세하다. 캄보디아의 전체 국내총생산(GDP)에서 2차 산업이 차지하는 비중은 26.8% 수준에 불과하였다. 캄보디아의 2차 산업은 주로 봉제V산업, 식료품 산업, 고무 생산업을 중심으로 한 제조업과 광물 에너지 산업 등이며, 특히 캄보디아의 유전 · 천연가스 개발은 캄보디아의 배타적 관할권 지배에 있는 해상광구, 타이와 관할권이 중첩되어 있는 해상광구, 육상광구에서 추진되고 있다. 캄보디아 정부는 원유생산에 대비하여 석유법과 시행령을 작성하고 있다.

캄보디아의 3차 산업인 서비스업은 캄보디아의 전체 국내총생산(GDP)에서 약 43.2%를 차지한다. 전체 노동 인구의 약 19%가 서비스업에 종사하고 있는데, 캄보디아는 2010년 캄보디아를 찾은 외국인 관광객이 250만 명을 돌파하면서 관광산업이 비약적으로 성장하였다. IT분야의 경우 유선전화와 인터넷 보급률은 낮지만, 이동전화 시장은 빠르게 성장하고 있다. 2006년 172만 명이었던 무선통신 가입자가 2008년 424만 명으로 증가하였다.

VI. 한국-캄보디아의 관계

한국은 캄보디아와 1962년에 영사관계를 수립하고 총영사관을 개설하였다. 그러나 1966년 주 캄보디아 일본대사관에 망명을 요청한 북한 김귀하 권투선수를 캄보디아 정부가 북한으로 강제 송환하였다. 한국은 이에 대한 항의로 1967년 1월 총영사관을 폐쇄하였다. 1970년 시하누크(Sihanouk) 국가수반이 물러나고 론놀(Ron Nol) 정부 때 캄보디아와 공식 외교 관계를 수립하였다. 그러나 1975년 크메르루즈(Khmer Rouge)가 프놈펜(Phom Penh)을 함락한 이후, 공관은 철수되었고 양국의 교역 활동도 중단되었다. 그 후 22년이 지난 1997년부터 양국의 외교 관계가 재개되었다.

1997년 한국과 캄보디아의 관계가 재개된 이래로 단기간에 교역, 투자, 개발협력, IT, 관광, 금융을 비롯한 제반 분야에서 괄목할 만한 수준으로 발전하였다. 한국이 캄보디아에 투자한 금액은 39억 달러이다. 또한 캄보디아를 방문하는 한국 관광객은 연간 28만 명으로, 캄보디아의 전체 관광객 중 2위이다. 개발협력 분야에서 양국은 교육 · 인프라 · 보건 · 농업개발 4대 분야를 중심으로 유 · 무상 원조사업에 긴밀히 협력하고 있다.

캄보디아에 거주하는 한국인은 5,000명 이상이며, 한국에 거주하는 캄보디아인은 1만 2,000명 이상이다. 캄보디아의 훈센(Hun Sen) 총리는 한국이 캄보디아에서 직접투자, 관광, IT, 직업훈련, 문화교류, 금융, 건설, 항공 8개 분야에서 선도적 역할을 하고 있다고 평가하였다. 한국과 캄보디아는 경제개발 경험 공유, 마약퇴치, TV 프로그램 공동제작, 녹색성장을 비롯하여 다양하고 새로운 분야에서 협력하고 있다. 특히 2009년 6월과 10월 양국 정상이 상호 방문하여 경제 · 통상, 자원 · 에너지, 문화 · 영사를 비롯한 제반 분야에서 양국의 실질적 협력을 널리 알렸다.

국제사회에서도 양국 사이의 협력은 다양하게 진행되고 있다. 1998년 이후 캄보디아는 한국이 국제연합(UN, United Nations) 및 산하기구와 다른 국제기구들에 선도적인 역할로 진출하는 것을 지지하였다. 한편, 한국은 캄보디아가 2002년 10월 유네스코(UNESCO) 집행위원회, 2005년 11월 국제연합 여성지위위원회에 진출하는 것을 지지하였다. 또한 양국은 2003년 양자협상을 3차례 개최하여 한국이 캄보디아의 세계무역기구(WTO, World Trade Organization) 가입을 적극 지원하였다. 이밖에 양국은 한국 · 아세안 정상회의, 아세안+3 정상회의, 동아시아정상회의(EAS, East Asia Summit), 아세안지역안보포럼(ARF, ASEAN Regional Forum)를 비롯한 지역무대에서 협력을 강화하고 있다.

제3장 캄보디아의 법원

제1절 개관

캄보디아는 역사적 변화와 시대에 따라 다양한 법원들이 나타나고 적용의 우선순위가 달라지기도 하였다. 현재 캄보디아 정부 법률가평의회의 발표에 의하면 캄보디아법의 법원은 일반적으로 (1) 헌법, (2) 헌법적 법률, (3) 법률, (4) 칙령, (5) 준칙령, (6) 규칙, (7) 부령 등이 있으며, 각 법원들의 대략적인 성격과 체계는 다음과 같다.

캄보디아 법원과 체계

헌법	캄보디아 법률 위계에서 최고 규범으로 국회가 승인하고 국왕이 선포
헌법적 법률 (Constitutional Law)	개정헌법 또는 수정헌법으로 국회에서 2/3찬성으로 의결
Kram (법률, Law)	국왕에 의해 선포되며 국왕 부재 시 국가수반이 서명 총리와 관계부처 장관이 부서(副署)
Kret (칙령, Decree)	실행기관에서 정해지는 최고 규범으로 국왕이 서명하고 왕의 부재 시 국가수반이 서명. 일반적으로 총리와 관계부처 장관이 부서

Anu-kret (준칙령, Sub-Decree)	총리가 정한 것으로 관계부처 장관이 부서
Prakas (규칙, regulation)	관계부처 장관이나 국립은행장이 금융과 관련해서 결정
Sarachor (부령, Circular)	해당부처의 실행조치

제2절 법원의 작용체계

헌법은 제헌의회에 의해서 채택되어 국왕에 의해서 공포된 1993년 헌법을 가리킨다. 헌법 제150조는, 헌법의 최고법규성을 선언하며, 법률 및 국가기관의 결정에 헌법과의 엄격한 일치를 요구하고 있다(동조 2항). 또한 헌법의 보장을 위한 위헌심사제를 도입하여, 위헌심사 기관으로서 헌법위원회를 마련하고 있다. 헌법 개정 절차는 국왕, 총리 또는 의원 총수의 4분의 1의 제안에 의해 국회의장이 발의하며, 국회의원 총수의 3분의 2의 찬성에 의해서 가결된다(제151조). 다만, 헌법 제86조의 규정에 의해 국가 비상사태가 발령되고 있을 때는 헌법을 개정할 수 없고, 또한 내용에 있어서도「국왕은, 군림하지만, 통치하지 않는다」는 원칙(제17조) 및 자유로운 민주주의 체제, 복수 정당제 및 입헌군주 정체를 침해하는 개정은 인정받지 못한다(제152조 및 제153조).

법률은 국민의회 및 상원의 의결을 거쳐 국왕이 칙령을 가지고 공포한다. 또한 국가기구의 편성과 관계되는 통치 조직법은 조직법률로 불리며 국왕의 서명에 앞서 헌법위원회에 의한 사전의 의무적 심사가 요구된다. 헌법은「캄보디아의 고유 재산, 권리, 자유 및 합법적 사유재산을 보호해, 국익에 일치하는 법률 그 외의 법령은, 헌법의 정신에 반하지 않는 이상 새로운 규정에 의해 개정되어 또는 폐지될 때까지 효력을 가진다」라고 하는「이행조치」(제158조)를 정하고 있다.

칙령은 의회(국회 및 상원)의 의결, 각료회의 또는 사법 관직 고등평의회의 제안에 의거하여 국왕이 발한다. 대신 준칙령은 각료회의의 결정에 의거하는 행정 명령이며, 수상의 권한에 속하는 내용에 대해서는 총리의 서명에 의해 각료회의의 사무에 관한 내용에 대해서는 총리의 서명에 너해 소관부처의 장관이 부서한나.

규칙은 각 정부부처의 소관의 장관이 그 소관의 사무에 대해 발한다. 조례는, 주지사, 자치시 시장이 발할 수 있지만 그 효력이 미치는 범위는, 해당 주, 자치시로 한정된다. 이 외에 행정기관이 법률에 의거해 발하는 부령이나 하급기관에의 통지, 행정절차를 정한 선언이 있다. 또한「무기 탄약의 소지에 관한 내무부 · 국방부 공동선언(1996. 7. 11.)과 같이 내용에 따라서는 복수의 정부부처가 합동으로 공동선언을 발할 수 있다.

제4장 캄보디아의 헌법

제1절 개관

캄보디아 헌법(Constitution of The Kingdom of Cambodia)은 파리 평화협정 체결 후의 1993년 9월 24일에 공포되었다. 캄보디아 헌법은 캄보디아를「국왕이 헌법 및 자유, 민주주의, 복수 정당제에 근거해 지도하는 왕국이다」라고 규정하며, 독립, 주권, 평화를 위하고, 항구적으로 중립 및 비동맹을 관철하는 것을 원칙로서 하고 있다. 1999년에 한 차례 개정되지만, 이것은 상원 설치를 위한 개정일 뿐 이었다.

개정 후 캄보디아 헌법은 전문, 제1장「주권」, 제2장「국왕」, 제3장「국민의 권리와 의무」, 제4장「정치」, 제5장「경제」, 제6장「교육·문화·사회문제」, 제7장「국회」, 제8장「상원 의회」, 제9장「하원과 상원」, 제10장「왕립정부」, 제11장「사법」, 제12장「헌법위원회」, 제13장「지방행정」, 제14장「국민의회」, 제15장「헌법의 효력 및 개정」, 제16장「경과규정」으로 계속 이루어지고 있다(전158조).

헌법은 캄보디아의 최고법규이며 법률 및 국가기관에 의한 결정은 헌법으로 적합한 것이 아니면 안된다. 또한 헌법 제151조에 의하면, 헌법 개정 또는 수정발의에 대해서는, 국왕 · 총리 및 하원의원의 4분의 1 이상의 제안에 근거하여 하원의장이 실시할 수 있게 규정하고 있으며, 개정 의안은 하원의 3분의 2 이상의 찬성에 의해 발효된다고 규정하고 있다.

이하에서는 캄보디아 헌법상 규정된 사법체계, 행정, 정치 등 전반적인 국가체계를 중심으로 논의하고, 이외의 기다 다른 규정에 대하여 논의하도록 한다.

제2절 헌법 규정상 캄보디아 사법체계[1)]

캄보디아 헌법에 의하면 사법시스템은 ① 헌법위원회, ② 법원, ③ 법원을 감독하고 지원하는 기관으로서 최고법관위원회, ④ 검사 등으로 구성되어 있다. 캄보디아의 사법시스템은 그동안 많은 변화가 있었다. 1980년대의 캄보디아를 다시 부흥시키려는 노력에는 캄보디아의 사법시스템 재건도 포함되었다. 당시 법학교육을 받은 인재의 부족으로 인하여 캄보디아 정부는 대부분 의 판사 및 검사를 전직 교원으로 충당하였다.

캄보디아의 법률시스템은 전체적으로 사회주의 구조를 따르고 있다.[2)] 전문적으로 법학교육을 받은 인재의 부족은 공산주의 정책

---

1) 최수정, 「캄보디아의 사법체계」, 『최신외국법제정보』 2011년 제1호, 한국법제연구원, 2011, 91면 이하; 鮎京正訓(編), 『アジア法ガイドブック』, 名古屋大學ヤ出版會, 2009, 198面 이하,;安田信之, 『東南アジア法』, 日本評論社, 1999, 296면 이하; 小林俊彦, 「カンボジアの統治機構sの概觀」, 『ICD NEWS』(第29号), 2006. 12, 119面 이하의 내용을 요약정리.

2) 사회주의적 법원칙과 절차는 1980년대의 캄보디아의 사법기관과 법률시스템을 규정하는 법제에 반영되었는데, 이러한 대부분의 사회주의적 법률시스템은 현재까지도 운영이 되고 있다

캄보디아의 사법체계

과 결합되어 법무부에게 사법에 관하여 지배적 권한을 주었다. 사법에 관한 법무부 지배의 합법성은 사법개혁이 진행되고 있는 오늘날까지 계속되고 있다. 또한 캄보디아 사법시스템에 의하면 검사가 대법원과 항소법원에 소속되어 활동하기 때문에 소추권과 재판권이 완전히 분리되었다고 보기 어렵고 규문주의를 벗어나지 못하였다고 할 수 있다.

I. 견제와 균형의 원리

1. 사법권의 독립성 확보

캄보디아의 헌법에 의하면 캄보디아는 입법부, 사법부, 행정부의 3권 분립에 기반한 국가체제를 채택하고 있다. 캄보디아 헌법 제128조는 사법권의 독립성을 규정하고 있다. 캄보디아 헌법은 사법부의 권한은 행정소송을 포함하여 일체의 소송을 포함하고(제128조),

사법권은 행정부나 입법부에 부여되지 않는다고 규정함으로써(제130조) 사법권의 독립성을 재차 천명하고 있다. 즉 사법권은 대법원과 각급 법원에 배타적으로 속하고,(제128조) 오로지 법관만이 재판할 권한을 보유한다(제80조). 그리고 법관의 지위는 보장되고 법관에 대한 징계권은 최고법관위원회가 보유한다(제133조).

헌법은 캄보디아 국왕에게 최고법관위원회의 도움을 받아 사법권의 독립을 보장할 의무를 부여하고 있다(제132조).

2. 행정부 및 입법부와의 상호관계

우선 사법부와 입법부의 관계를 살펴보면 다음과 같다. 법원은 위헌법률심판을 헌법위원회에 제기할 수 있고(헌법 제136조, 헌법위원회법 제19조), 반대로 입법부는 제정하는 모든 법률을 통하여 사법부를 견제할 수 있는데, 그 중에서도 판사 및 검사에 관한 법률, 최고법관위원회법이 특히 그러하다.

사법부와 행정부의 상호관계는 다음과 같다. 사법부는 행정부의 행정작용을 규제할 수 있고(제39조) 행정부 구성원은 업무수행 중 범죄를 저지르는 경우에 형사처벌을 받을 수 있다.15) 행정부는 판결을 실행할 수 있고, 법무부장관은 최고법관위원회의 구성원이 됨으로써 사법부를 견제할 수 있다(제126조). 또한 수상 및 부수상은 입법절차를 개시할 수 있는데, 즉 새로운 법률을 제안할 수도 있고, 법률개정안을 제안할 수도 있다(제91조).

II. 캄보디아의 사법기관

1. 헌법위원회

헌법위원회는 사건을 심리하는 공판정이 아니고, 법률의 합헌성을 판단하는 기관이다. 헌법위원회는 자유선거와 공정선거를 보장하는데 있어서 중요한 역할을 한다. 선거권, 후보선출권, 정당, 부정선거 등과 같은 선거관련 분쟁은 최종적 판단을 위하여 헌법위원회에 제출될 수 있다(헌법위원회법 제26조). 헌법위원회의 구성과 그 권한에 관하여는 헌법위원회법이 규정하고 있다. 헌법위원회는 헌법의 존엄을 지키고, 헌법과 국회를 통과하고 상원에 의하여 검토된 법을 해석한다(제136조). 헌법위원회는 국회의원선거와 상원의원 선거와 관련하여 문제되는 사건을 관장한다.

(1) 위원회 구성 및 재판관 자격

헌법위원회 위원은 법률, 행정, 외교, 경제에 대하여 고등교육을 받고 상당한 경력이 있는 자 중에서 임명한다(헌법 제138조). 헌법위원회는 9명의 위원[3]으로 구성되며, 그 임기는 9년이다. 위원 중 3명은 국왕이 임명하고, 3명은 국회[4] 그리고 나머지 3명은 최고법관위원

---

3) 헌법위원회 위원은 크메르 국적을 출생시부터 보유하여야 하고, 높은 인격을 보유하며, 45세 이상 법학, 행정학, 외교학 또는 경제학 학위를 가지고 있어야 하고, 15년 이상의 전문경력을 보유하여야 한다(헌법위원회법 제3조).

4) 이때 헌법위원회 위원 지명에는 국회재적의원(하원) 과반수를 요한다(헌법위원회법 제3조). 이때 2차 투표까지 행해질 수 있다. 제1차 투표에서 과반수 의결을 얻지 못하는 경우에 국회는 최고득표를 한 5명을 제2차 투표에 부칠 수 있다. 제2차 투표에서는 상대다수결이 적용된다. 이때 최다득표를 한 후보자가 9년의 임기로 임명되고, 두 번째로 최대득표를 한 후보자가 6년의 임기, 그리고 3번째로 최다득표를 한 후보자가 3년의 임기로 임명된다. 만약 투표수가 동일할 경우에는 연장자가 우선한다. 국회에서 헌법위원회 위원선거를 하기 전 그 후보들은 반드시 사전에 국회 재적의원 10분의 1 이상의 동의(endorsement)를 얻어야 한다. 국회구성원은 한 번에 오직 1명의 후보만을 지지할 수 있

회(Council of Magistracy)가 선출한다(제137조). 위원회의 3분의 1은 매 3년마다 교체되는데, 1명은 국왕이 지명하고 국회와 최고법관위원회가 각 1명씩 선출한다(헌법위원회법 제4조).

헌법위원회 위원장은 3년마다 위원회 위원 과반수로 선출된다. 위원장이 궐위 · 유고시에 새로운 위원장을 선출하여야 한다. 헌법위원회 위원장은 국회의장과 동등한 지위와 특권을 가진다. 헌법위원회 위원은 국회부의장의 동등한 지위와 특권을 보유한다.(헌법위원회법 제5조). 위원장 선출시 가부동수인 경우에 상원의장이 결정권을 가지고 있다(제137조). 헌법위원회 위원은 상원의원 또는 국회의원의 직, 공무원의 직, 현직 판사, 정당 대표 및 부대표, 노동조합의 대표, 부대표 등의 직위를 겸직하지 못한다. 또한 헌법위원회 위원은 그 임기 동안 다른 공식적 직위 또는 직업활동을 수행하지 못한다.

(2) 헌법위원회의 권한

왕, 수상, 국회의장, 상원의장, 국회재적의원 10분의 1 이상, 상원재적의원 4분의 1 이상은 국회에 의하여 통과된 법률을 공포하기 전에 검토를 위하여 헌법위원회에 회부할 수도 있다(제140조). 국회, 상원의 내부규칙과 국회와 상원조직에 관한 법도 법률의 공포 전에 헌법위원회에 회부되어 검토되어야 한다. 헌법위원회는 법률과 내부규칙의 위헌성 여부에 대하여 법률을 받은 날로부터 30일 이내에 결정을 하여야 한다(제141조). 이미 공포된 법률도 헌법위원회에 회부되어 위헌법률심판을 받을 수 있다. 즉 공포된 이후에 왕, 상원의장, 국회의장, 수상, 상원재적의원 4분의 1 이상, 국회재적의원 10분의 1 이상 또는 법원은 헌법위원회에 그 법률이 헌법에 위반되는

다(헌법위원회법 제3조).

지 여부를 판단을 제청할 수 있다(제141조). 캄보디아 국민은 국민의 대표자 또는 국회의장, 상원의장을 통하여 법률의 위헌성에 대하여 이의를 제기할 권리를 가진다(제141조). 헌법위원회에 의하여 위헌이라고 판단된 법률조항은 공포되거나 시행되어서는 안된다. 헌법재판소의 위헌성 판단은 종국적이다(제142조). 따라서 이에 대한 불복은 인정되지 아니한다.

헌법위원회는 자문역할을 수행한다. 즉 캄보디아 국왕은 헌법위원회에 헌법개정안에 대하여 자문을 구하여야 한다.

헌법위원회는 1998년 국회의원 선거기간에 조직되었다. 헌법위원회법에 의하면, 헌법위원회는 법률의 위헌성 여부를 판단하고 국회의원 선거관련분쟁을 그 권한으로 한다. 현재 헌법위원회 조직 및 기능에 관한 법에 의하면 헌법위원회법은 상원의원직과 관련된 분쟁에 관한 재판권한은 가지고 있지 않다. 헌법에는 법안의 헌법위원회로의 회부절차에 관하여는 규정되어 있지 않고, 이는 헌법위원회 조직 및 기능에 관한 법에만 규정되어 있다. 헌법규정과 반대로 의회에 의하여 승인된 실체법은 아직도 종종 헌법위원회의 사전검토 없이 공포를 위하여 왕에게 이송된다.

2. 최고법관위원회

(1) 개요

캄보디아 헌법 하에서 최고법관위원회는 사법권의 독립을 보장하는 주요 기관이다(제132조). 최고법관위원회만이 법관을 규율한 권한과 모든 법관과 검사에 대한 임명안을 국왕에게 제출할 권한을 가지고 있다(제133조). 최고법관위원회 조직 및 기능에 관하여는 1994년에 최고법관위원회법이 제정되었다. 최고법관위원회는 사법부의 조직과 기능에 관한 법안에 대하여 자문하여야 하는데 이는 법안을 받은 날로부터 30일 이내에 의견을 표명하여야 한다.

(2) 최고법관위원회 구성원과 그 임기

최고법관위원회의 구성은 다음과 같다(최고법관위원회법 제2조).

- 왕(위원장)
- 법무부장관
- 대법원장
- 대법원소속 검사장
- 항소법원장
- 항소법원 소속 검사장
- 캄보디아 모든 판사가 선출한 3명의 판사

그리고 최고법관위원회는 예비인력으로서 전국의 판사에 의하여 선출된 3명의 위원을 보유하여야 하는데, 이들은 판사들이 선출한 위원 중 결원이 생긴 경우에 이들을 대체한다. 판사에 의하여 선출된 위원의 임기는 5년이고 재임가능하다(최고법관위원회법 제4조).

국왕의 부재시에는 상원의장이 국왕을 대신하여 최고법관위원회의 위원장이 된다. 다시 말하면 국왕의 부재시에 최고법관위원회는 실제적으로 입법부가 사법부의 독립을 보호하는 의무를 부담하는 지위에 오르게 된다.

(3) 최고법관위원회의 권한

사법부 관련 실질적인 사항들을 논의하기 위하여 열린 첫 번째 최고법관위원회는 1999년 말에 소집되었다. 최고법관위원회의 주요 임무는 사법적 기능의 활성화를 보장하는 것이다. 이런 측면에서 최고법관위원회는 판사와 검사의 임명, 진급, 전보, 직무정지, 파면을 국왕에게 건의할 수 있다(최고법관위원회법 제11조).

동법 제10조에 의하면 사법부의 조직과 기능에 관하여 의회법안 또는 정부법안(draft law)은 모두 최고법관위원회와의 협의를 반드시 거쳐야 하며, 동 위원회는 법무부로부터 그 의안이나 법안을 받은 때로부터 30일 이내(비상시엔 10일 이내)에 그 의견을 제출하여야 한다(최고법관위원회법 제11조). 그러나 이러한 최고법관위원회 의견에 구속력이 있느냐 여부에 관하여는 법에서 규정하고 있지 않다.

3. 대법원

(1) 대법원의 구성과 권한

대법원은 프놈펜에 위치하여 있다. 대법원은 캄보디아 최상급심 법원이며, 이는 캄보디아 전역을 그 재판관할권으로 하고 있다. 1994년부터 대법원은 항소법원에서 상고된 사건에 대하여 심리를 하는데, 이때 대법원은 법률심만을 관장하고 있다. 그러나 항소법원이 대법원의 결정에 따르지 않는 경우 9명의 대법원판사가 이 사건을 심리하며, 사실심과 법률심 모두 하게 된다.

대법원에서 심리를 할 경우에는 통상 5명의 판사가 담당하며 그 중 한 명이 의장이 되고, 합의부사건인 경우에는 9명의 판사가 담당하며 그 중 한명이 그 의장이 된다.

대법원은 9명의 대법관과 4명의 검사로 구성되어 있으며 법원 중 최고법원이다. 현재 대법원은 대법원장, 부대법원장, 판사로 구성되고, 2개의 부로 이루어져 있다: 민사부, 형사부. 민사부는 민사분쟁, 혼인, 가족, 행정사건, 노동, 상사분쟁을 다루고, 형사부는 오직 형사사건만을 다룬다.

대법원은 입법행위, 행정규제를 검토할 권한 또는 미국 법원과 같이 판례법을 제정할 권한을 보유하고 있지 않다. 즉 캄보디아 대법원은 오직 국회가 제정한 법률을 구체적 사건에 적용할 수 있을 뿐이다. 대법원은 매 4분기마다 대법원판결집을 발간하고, 이는 하급심법원이 참고할 모범판결로서 사용되기 위함이다. 그러나 법원의 선례구속성의 유무 여부는 명확하지 않다.

(2) 대법원 소속 검찰청

1) 조사감독국

이 사무국은 조사의 합법성 보장, 조사상황에 관한 문서검토, 조직의 법위반 여 부에 관한 검토, 필요시 직접 조사 수행 또는 부가적인 조사의 수행한다.

2) 형사국

형사국은 형사절차상 검찰총장의 기소권과 관련된 업무를 지원한다. 그 구체적 업무의 예로는 검찰의 기소내용을 읽고, 사건의 결론을 내며, 질문을 제기하고 소송의 주요당사자로서 행위하며, 기소를 철회하는 등을 들 수 있다.

3) 민사국

민사국은 국익, 소수자, 무능력자에게 영향을 미치는 민사업무에서 검찰총장에 대하여 책임을 부담한다. 또한 이 부서는 검찰총장이 공판에서 결론을 내기 위하여 필요한 정보와 증거 수집을 담당한다.

4. 항소법원

항소법원은 1993년 UNTAC(United Nations Transitional Authority in

Cambodia) 시절 설립되었으며, 프놈펜에 위치하고 있다.53) 항소법원은 3명의 판사(항소법원장 포함)로 구성되어 있다. 이 외에도 항소법원의 구성원으로서 검사장(general prosecutor), 부검사 또는 평검사가 있으며, 법원서기도 그 구성원이다. 항소법원의 관할권은 캄보디아 전역을 포함한다. 항소법원은 지방자치단체, 지역 또는 군사에 관한 사항을 제1심법원으로부터 항고한 모든 사건들을 포함한다.

항소법원은 사실심과 법률심을 모두 담당한다. 그러므로 만약 소송당사자가 제1심에서 소송의 결정 또는 판결에 불복하는 경우 법원서기국을 통하여 항소할 수 있다. 항소법원은 사건에 대하여 새로운 판결을 내리게 되는데, 제1심법원의 판결을 인용, 수정, 파기할 수 있다. 항소법원의 공판절차와 제1심법원의 그것과의 차이점은 공판위원회(Trial Council)라고 불리는 세 명의 판사가 심리한다는 것과 제1심에서 남겨 놓은 사실관계의 문제점을 해결하기 위하여 추가적인 조사가 수행될 수도 있다는 것이다. 항소이유는 법에 의하여 제한되지 않고 부당한 항소에 대한 제재도 없다. 그러므로 항소이유가 정당하지 않거나 불합리한 항소의 남용을 제한할 수 있는 메커니즘이 존재하지 않는다.

5. 제1심 법원(지방법원, 군사법원)

제1심 법원은 제일 낮은 법원인데, 이는 지방법원으로 나누어진다. 각 지방법원은 법원이 위치하여 있는 특정 지역에 대하여 재판관할권을 보유한다. 그러나 프놈펜에 위치한 군사법원은 캄보디아 전역을 그 관할권으로 한다.

(1) 지방법원

지방법원은 최하급심인 공판법원이다. 원칙적으로 지방법원은 두 개의 부서로 나누어져 있다. 그러나 실무에 있어서는 판사의 수는 제한되어 있더라도 각 부서 간의 명확한 경계선이 존재하지 않는다. 지방법원 판사는 민사사건과 형사사건 모두 다룰 수도 있다.

(2) 군사법원

군사법원은 프놈펜에 위치하여 있으며, 군사범죄)와 군인이 저지른 군대재산에 관한 범죄에 관하여 독점적 관할권을 가지고 있다. 군인에 의하여 이루어진 통상의 범죄는 지방법원에 그 관할권이 있다. 군사법원은 행정적 · 논리적 · 재정적으로 국방부에 있다.

III. 법조인

1. 판사와 검사

현행법상 캄보디아의 검사는 소추권을 담당하고 있지만 조사업무를 담당하는 판사 때문에 종종 검사의 역할이 제한된다. 일단 기소가 되면 사건조사담당 판사가 해당 사건을 공판절차로 진행시킬 정도의 증거가 충분한지에 관하여 결정권을 보유하기 때문이다. 조사업무를 담당하는 판사는 증거를 검토하고 증인을 심문하고 사건파일을 정리하여야 한다. 공판절차에서도 검사의 역할은 제한된다. 형사공판에서 검사는 사건파일에 근거하여 성명과 보고를 하여야 한다.

그럼에도 불구하고 검사는 공판절차에서, 특히 사법적 판단결정에 있어서 커다란 영향력을 미치고 있다. 즉, 검사의 항소는 결과적으로 항소법원과 당에 판사의 판결이 잘못되었다는 통지를 하는 것이기 때문이다.

2. 변호사

변호사는 변호사법과 변호사윤리규범에 의하여 규율된다. 변호사 모임으로는 변호사협회와 이를 규율하는 변호사위원회가 있다. 변호사법은 1995년 6월 15일에 통과되었는데, 이 법률은 법조인의 역할을 정의한다. 이 법률에 의하면 법조인은 정의를 수행하는 독립적이고 자율적인 직업이고, 이는 변호사협회 체계 내에서 추구될 수 있다. 모든 실무를 하는 변호사들은 반드시 변호사협회에 정식 회원으로서 등록을 하여야 한다.

변호사협회는 원칙적으로 14개월 동안 연수변호사에 대한 연수과정을 실행하고 있다. 연수과정을 마친 후, 연수를 받은 변호사들은 시험을 통과하여야 한다. 합격한 연수생은 반드시 1년 동안 변호사 사무실에서 수습과정을 거쳐야 한다. 수습과정이 끝났을 때 변호사는 변호사협회에 등록된다. 그때 이들은 변호사협회의 회원증명서를 받게 되고 실무를 할 수 있다. 법률실무를 위한 지원서 접수 시에 변호사위원회는 지원자들의 자격을 심사하기 위하여 모임을 가지게 된다. 정족수는 다수결로 그 승인여부를 결정한다. 변호사위원회의 회장은 의견을 구하기 위하여 항소법원 소속 검사장에게 서류일체를 송부할 수 있다. 법률실무를 위한 모든 요건들이 충족되었다면 검사장은 그 지원서에 동의할 것이다. 항소법원의 3명의 판사로 이루어 진 합의부는 변호사회장의 면전에서의 선서일자를 결정한다. 만약 필수요건들이 충족되지 않았다면 그 서류일체는 재고를 위하여 변호사협회로 다시 반환된다. 만약 변호사위원회는 이러한 검찰총장의 의견에 동의를 한다면 그 후보자가 검찰총장이 부족하다고 판단한 정보를 다시 제공하도록 요구할 수 있다. 만약 변호사위원회의 의견이 검찰총장의 그것과 일치하지 않는다면 변호사위원회는 그 지원자를 불러서 그 의견을 물을 수도 있다. 만약 그 지원자가 지원서 거부에 이의가 있는 경우에는, 그는 항소법원에 그 합격 여부에 대한 결정을 항소할 수 있다.

IV. 법원을 통하지 않은 분쟁해결

1. 비공식적 분쟁해결

위에서 언급한 법적 메커니즘 이외에 캄보디아인은 종종 전통적인 분쟁해결방법에 의존한다. 화해(reconciliation)는 현재까지도 많은 부분에서 자주 사용되고 있다. 만약 분쟁이 그리 심각하지 않다면 사건 당사자는 그 마을에서 연장자 또는 존경받는 사람 또는 뛰어난 사람(prominent)에게 그 사건의 해결을 맡길 수 도 있다.

2. 국왕청문제도

국왕청문제도(Royal Hearing)는 재판절차를 밟지 않는 절차인데, 시민들은 민사분쟁의 경우 그 분쟁을 국왕에게 화해를 위하여 제출할 수 있다. 이러한 청문절차는 노로돔 시아누크(Norodom Sihanouk)가 1993년에 도입하였다.

3. 중재

캄보디아에 있어 법원을 통하지 대체적 분쟁해결의 방법으로서 가장 활발하게 이용되고 있는 것이 캄보디아 중재평의회에 의한 노동중재이다. 「노동에 관한 법률」(1997년 공포, 시행, 이하 노동법) 하에서 국제노동기구(ILO) 등의 지원을 받아 마련된 「캄보디아 중재평의회의 설치에 관한 법률」(2002년 공포 시행, 이하 중재평의회 설치법)에 의거해 2003년에 설치된 중재 평의회는 현재 정부, 사용자단체, 노동조합으로부터 추천된 30명의 중재인이 노사 분쟁의 중재를 담당하고 있다.

노동법에 의하면 노사 분쟁은 당사자 사이에 미리 분쟁해결 방법에 대한 합의가 없고, 교섭에 의한 해결이 없는 경우, 당사자의 제기에 의해서 노동부의 노동감찰관에 의한 조정에 회부 된다(노동법 제 303조). 해당 조정이 이루어지지 않은 때에는 노동 감찰관은 그 취지를 노동부 장관에게 보고하고 장관은 중재위원회에 중재를 명할 수 있다(노동법 제 310조).중재 수속에 대해 당사자 쌍방은 사용자 단체와 노동조합이 미리 추천한 명부로부터 중재인 각 1명을 선임해, 이것들 2명의 합의에 의거해 지명된 공익대표중재인 1인에 의해서 3인으로 구성된「패널」이 편성되며, 공익대표중재인이 의장을 맡는다(중재평의회 설치법 제12조). 중재 절차는 결정에 불복이 있을 경우 법원에 제소할지를 당사자에게 합의시킨 이후 개시되며, 패널은 절차 중의 파업 등이 금지된다. 이미 파업이 행해지고 있는 경우에는 중지명령을 내릴 수 있다(중재평의회 설치법 제 20조).

제3절 헌법 규정상 캄보디아의 행정체계

I. 왕국

캄보디아는 왕국의 특성을 지닌 만큼 국왕을 중심으로 한 의원내각제의 정부형태를 취하고 있다. 캄보디아 국왕은 생존 기간 동안 국가원수의 지위를 유지하지만 나라를 통치하지는 못한다. 국왕은 헌법과 자유민주주의, 다원주의에 따라 나라를 통치한다. 캄보디아 국왕은 국회 동의에 따라 고위직 공무원, 군인, 대사, 법관을 임명할 수 있는 권리, 군 최고통수권, 국제 조약에 대한 최종서명 및 비준권 등을 보유한다.

캄보디아는 1993년 헌법을 통하여 입헌 군주제를 채용하여 1970년대부터 끊어지고 있었던 왕제를 부활시켰다. 새롭게 채용된 군주제가 어떠한 성격을 가는지에 대하여 헌법은 제2장 「국왕」에서 국왕은 '군림하지만, 통치하지 않는'(제7조 제1항) 것을 명문으로 정하고, 이 조항을 '이것을 절대적으로 수정 할 수 없는'(제17조) 것으로 하였다. 또한 헌법은 국왕의 기능에 대하여 '민족의 통합 및 영속의 상징'(제8조 1항)으로 정하고 있으며, '공권력의 성실한 행사를 확보하기 위한 중재자'(제9조)의 위치라고 정하고 있다. 국왕의 국정관여에 대해 헌법은 논의의 대상이 되지 않는 칙서에 의한 국회와의 연락(제18조), 총리 및 각의위원회의 임명(제19조), 고위공직자, 군장성, 특명 전권대사, 특명 전권공사, 재판관의 임명 및 파면(제21조), 국가 비상사태의 선언(제22조), 외국 대사의 신임장의 접수(제25조), 조약의 서명 및 비준(제26조), 사면권의 수여(제27조), 법률안의 서명(제28조), 각의위원회가 상정하는 훈장 및 포상을 제정, 수여(제29조)할 권한을 갖는다. 또한 국왕에 캄보디아 국군 최고 사령관(제23조), 국방 최고 평의회

캄보디아의 국가조직도

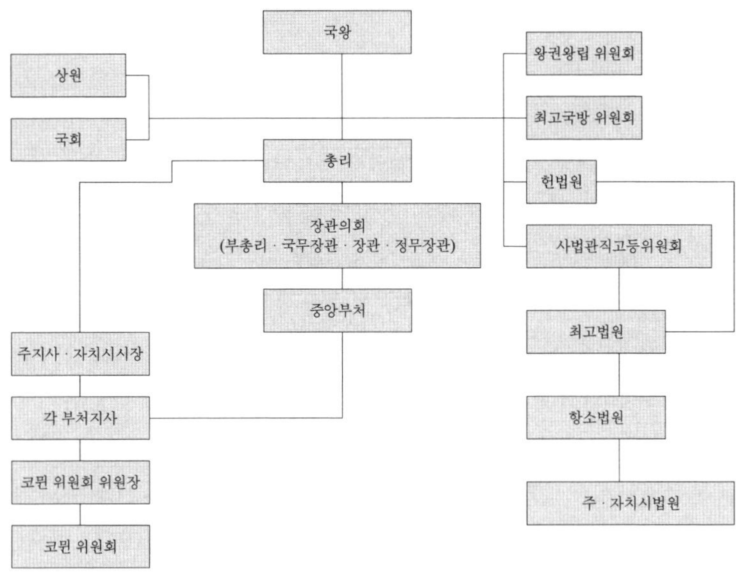

의장(제24조), 사법 관직 고등평의회 의장(제134조)의 지위가 주어지지만, 실질적인 임명권자, 결정권자를 각각 별도로 존재하며 국왕의 역할은 의례적이고 형식적인 역할로 한정된다. 왕비는 정치관여가 모두 금지되어 있으며(제16조 제1항), 다만 사회적, 인도적 및 종교적 이익 등을 위하여 봉사하고, 전례 및 외교에 관해서 국왕을 보좌하는(제16조 제2항) 역할을 수행한다.

현행의 군주제의 또다른 특징은, 왕위의 계승을 세습에 의하지 않는다. 즉 국왕이 될 자격이 있는 자는 30세 이상의 자로서 안동왕, 노로돔왕 혹은 시소와쓰왕의 혈통의 직계 자손인 왕족(제14조)이며, 전임 국왕의 서거 후 7일 이내에 '왕권왕립위원회'에 의하여 선정된다(제13조). 왕권왕립위원회는 국회의장, 총리, 모하니카이 불교종단과 타마유트 불교종단의 두 종정, 국회의 제1, 제2부의장으로 구성된다.

II. 입법기관(국회, 상원) 및 선거제도

1. 입법기관

헌법은 새로운 체제의 기본원리로서 「복수정당제에 입각한 자유로운 민주주의」를 내세우면서 제4장에 정치체제에 대한 규정을 둠으로써 이를 더욱 공고히 하고자 하였다. 구체적으로 살펴보면 정치에 대한 총칙적인 규정인 제51조은 「캄보디아 왕국은 자유로운 민주주의 체제 및 복수 정당제를 채용할 것」(동조 제1항)것을 선언하고, 동조 제2항에서는 「국민주권」을, 동조 제3항에 「삼권분립의 원칙」을 두어 그 실행을 담보하였다. 캄보디아에서 복수 정당제가 채택된 것은, 시아누크 국왕이 조직한 정치조직인 '왕제 사회주의 공동체'(Sangkum Reastr Niyum)가 의회의 전 의석을 차지한 1955년 이래 38년만이었다. 민주정치의 핵심을 이루는 의회제에 대하여 1993년 헌법은 제정 당시에는 일원제를 채용하여 제7장에 「국회」를 두어 국회^의원의 선거에 대해 그 임기를 5년 간(제78조)으로 하고 정족수를 120석 이상(제76조 제1항, 현행은 123의석)하였다. 그리고 자유, 보통, 평등, 직접적인 선거 및 비밀 투표(동조 2항)를 정하고 있으며, 25세 이상으로서 출생시에 캄보디아 국적을 가지는 시민의 피선거권(동조 제4항)을 정하였다. 또한 의원은 국민 전체를 대표한다고 규정하고 명령적 위임을 금지하고 있으며(제77조), 법률안 제출권 및 법률 수정법안 제출권의 경우에는 그 권한을 의원과 총리로 한정했다(제91조).

더욱이 1993년 헌법은 1999년의 제2차 개정에 의해서 새롭게 상원을 구성하였다. 상원은 정수를 국회의 반 수 이하(제99조, 현행은 61의석)로 하고, 국왕에 의한 칙임 의원 2인, 국회가 지명한 의원 2인 외 선거로 선출된 의원으로 구성되었으며(제101조), 임기는 6년이다(제102조). 상원은 국회와 왕국정부와의 관계를 조정하는 역할을 수행한다(제112조).

이에 더하여 국회규칙 및 상원규칙은 각 행정기관의 발의를 통해 각 내각의 결정을 총리가 제출하는 법률안과 의원발의에 의한 법률안 간에 약간의 차이를 두고 있다. 즉 정부의 제출에 의한 법률안은 의장, 부의장, 위원회 위원장에 의해서 구성되는 국회 상무 위원회에 제출됨과 동시에 제안 주의서와 함께 전의원에 배포되며, 소관의 위원회의 심의를 거쳐 본 회의에 상정된다. 그러나 의원 제출에 의한 법률안은 소관의 위원회에 송부할지 여부를 상무위원회가 심의한다. 국회가 채택한 법률안은 상원상무위원회에 송부되어 위원회의 심의를 거쳐 본회의에 상정된다. 국회와 상원의 관계와 관련하여 국회가 가결한 법률안을 상원이 부결했을 때 또는 상원이 가결한 법률안을 국회가 부결했을 때에는 최종적으로는 국회가 부결안을 재의결함으로써(제113조) 국회가 상원에 대하여 우월 지위에 있음을 정하였다.

그러나 제정 당초 1993년 헌법은 국회의 기능으로서 의원 총수의 2분의 1의 다수결에 의해서 승인되는 예산안, 국가계획, 사면법안, 국제 조약, 선전포고 법안 등과는 달리, 정부에 대한 신임 투표의 경우는 의원 총수의 3분의 2의 신임을 필요로 한다고 정하였다(제90조). 이 규정은 오랜 세월에 걸친 내전이 계속 이어지고 파리 평화협정 체결 후에도 정치적 대립을 계속하고 있던 캄보디아 인민당(=베트남의 지원을 받아 사회주의 정권을 수립한 구 · 캄보디아 인민 혁명당, 이하, 인민당)과 FUNCINPEC(독립 · 중립 · 협력의 캄보디아를 위한 민족 통일전선으로 시아누크 지지파를 일컫는다)가 정권 수립에 대하여 협조할 것을 전제로 하여 분쟁 양파의 국민적 화해가 국제적, 국내적으로 강하게 인상을 남겼으나, 2003년 국회선거 후에 양당과 샘 란시 통일경제재무장관을 중심으로 FUNCINPEC부터 나뉘어 선거에 참여하였다. 의석을 획득한 샘 란시 파벌에 의하여 연립내각 구성의 협의가 이루어지지 않았고,

이에 따라 11개월에 걸쳐서 신 정권을 수립할 수 없는 사태를 야기되었다. 이러한 사태를 바탕으로 의회는 2004년에 제3차 헌법 개정을 단행하여 국회의 정 · 부의장을 선출한 후 내각의 신임투표를 실시하는 종전의 규정(제82조, 제119조)에 추가조항을 제정하는 증보형 개정을 실시하였다. 그 결과 국회 정 · 부의장, 국회 상무위원회 구성원, 총리, 부총리, 장관, 정무장관을 일괄투표로 지명하는 것을 가능하게 되었다. 이로 인하여 3당간의 권력 분배 문제는 해결을 보았지만, 개정안의 심사 및 서명을 거부하는 국가원수 대행(상원 의장)을 대신해 헌법상에 규정이 없는 상원 부의장의 심사 및 서명에 의해서 개정 헌법을 공포한 것은 헌법 개정 절차에 오점을 남기는 결과가 되었다.

정당제에 관해서 1993년 헌법은 전술의 복수 정당제의 채용(제51조)에 더하여「크메르 시민의 권리 및 의무」(제3장)에「크메르 시민은 단체 및 정당을 결성할 권리를 가진다」(제42조 전단)는 규정을 두었고, 동조 후단에「이러한 권리는 법률로 정한다」라는 단서를 둠에 따라 결사의 자유에 대한 법률의 유보를 마련하였다. 이 규정에 의거해 1996년에 중앙행정부가 정당법의 초안 작성 착수하여, 1997년에 제6장 제45조부터 규정되어 있는「정당에 관한 법률」(이하, 정당법)이 공포, 시행 되게 되었다. 정당법의 특징은 우선 총칙(제1장)에 정당이 민족통일과 영토보전의 원칙에 반하는 자치 지역을 창설하는 것을 금지하고, 권력 장악을 위하여 폭력을 이용한 복수정당제와 자유로운 민주주의 체제의 전복을 도모하는 것을 금지하였다. 즉 정당의 독자적인 무장 세력의 보유 및 유지를 금지한 것이다(제6조).[5] 정당법

5) 이러한 규정은 1994년에 공포, 시행된「'민주 캄보디아 그룹'(크메르 루즈)의 비합법화에 관한 법률」에 의거해 비합법화 되어 자치 지역의 방폐, 무장해제, 정부에의 투항, 지도자의 처벌을 명령받았음에도 불구하고, 타이 · 캄보디아 국경 지대에서 반정부에 무장 투쟁을 계속한 '민주 캄보디아'의 잔존 세력이 정당을 결성해 합법적으로 정치 투쟁을 전개하는 것을 저지하기 위해서 설치한 것이다.

또다른 특징은 정당의 결성요건이 법률안 기초의 과정에서 발기인 120명 및 당원 5,000명(1996년 초안)으로부터 발기인 80명, 당원 4,000명에게 완화된 것 및 선거운동 시 국고로부터 자금을 조달을 받게 되는 제도를 창설하여 재정 기반의 취약한 소규모 정당에도 선거에 참가하는 길을 조성한 것이다.

2. 선거제도

1993년의 제헌의회 선거 이후, 캄보디아에서는 지금까지 1998년, 2003년, 2008년의 3회에 걸쳐서 국회의원 선거가 실시되었다. 또한 1999년의 제2차 헌법 개정에 의해서 설치된 상원은 초기에는 선거를 실시하지 않고 국회의 각 정당의 의석 배분을 그대로 적용하여 국왕이 상원의원을 임명했지만, 2005년에 공포 및 시행된 상원의원 선거법에 의거해 2006년에 첫 상원의원 선거가 실시되었다.

국회의원 선거는 선거권자를 18세 이상, 피선거권자를 25세 이상의 「크메르 시민」(1993년 헌법 제34조)로 하고, 선거방법을 주 · 자치시마다(총 24개 선거구)의 비례대표제(국회의원 선거법 제5조)라고 정하여 투표수로부터 의석수를 산출하는 방식(Highest average 방식)을(동법 제118조) 채택하였다. 한편 상원의원 선거는 선거권자를 18세 이상, 피선거권자를 40세 이상의 「크메르 시민 」(1993년 헌법 제34조)으로 하고, 선거방법을 주 · 자치시를 지방마다 8개의 선거구로 나눈 다음, 비례대표제(상원의원 선거법 제8조)로 정해진 득표수로부터 의석수를 산출하는 국회의원 선과와 동일한 방식을 채택하였다. 이에 더하여 어느 선거에서도 정당에 속하지 않는 무소속의 입후보자는 인정되지 않았다.

이와 같이, 국가 선거에 대해서는 소규모의 정당의 선거참가를 가능하게 하는 정당법과 무소속 후보를 배제한 다음 득표수가 많은 정당에 유리하게 하는 Highest average 방식을 채용한 선거법의 편

성에 의해서, 어느 선거에 대해도 다수의 정당이 후보자를 내세울 수 있었지만, 의석을 획득할 수 있던 것은 대규모 정당에 한정되었다.[6)]

캄보디아 국회의원의 임기는 5년이며 신의회가 개회하면 종료된다. 전시(戰時)에는 재적의원 2/3가 찬성하면 임기를 1년 더 연장할 수 있다. 국회는 총선거 실시 후 60일 이내에 개원한다. 국회의원 선거는 국회 임기가 종료되기 6개월 전에 실시되며, 선거일자는 총리가 결정한다. 단, 12개월 이내에 내각이 2차례 이상 불신임되고, 총리의 제안과 국회의장의 승인이 있는 경우에는 예외적으로 국왕이 국회를 해산하고, 해산 후 60일 이내 선거가 실시된다.

캄보디아는 의원입법이 전무하기 때문에, 정부에서 법안을 작성하여 국회에 제출하면 국회에서 검토하여 법안을 채택한다. 국회에서 법안이 채택되면 상원의 검토과정을 거쳐 국왕이 서명(Royal Assent)한 후에 공포한다. 국왕은 국회를 통과한 법안에 대한 거부권이 없으며, 법안 서명을 보류할 수 없다.

III. 국가행정기관

헌법은 제10장에 10개 조로 구성된「왕국정부」규정을 두어 행정권에 대해 정하였다. 그 총칙적 규정인 제118조는 내각은 총리, 부총리, 장관과 차관으로 구성하도록 정하고 있다. 현재 캄보디아

6) 예를 들어, 최대 정당인 인민당의 경우 23개 정당이 1, 905명의 입후보자를 내세운 2003년의 국회의원 총선거 당시 전국에서 244만 7,000표 이상을 득표해, 73석을 획득하였다. 이것은 47.4%의 득표율로 59.6%의 의석을 확보한 것이 된다. 한편, 처음 국정 선거에 임한 샘 란시 당은, 113만표 이상을 득표했음에도 불구하고 24석에 그쳤는데 이는 득표율이 21%였음에도 불구하고, 19.5%의 의석 밖에 얻을 수 없었다.

의 내각은 총리 1명, 부총리 9명, 선임장관 16명, 26개 부처 장관과 총리직속 장관 8명으로 구성된 장관들, 각료급 차관 2명으로 구성되는데, 국왕은 국회의장이 국회부의장 2인의 동의를 얻어 요청하는 제1당의 인사를 총리내정자로 지정한다. 총리 내정자가 국회의원 또는 국회에서 의석을 가진 정당의 인사들로 내각을 구성하고 이에 대한 국회의 신임 투표가 있은 후에, 국왕은 총리를 포함한 내각을 일괄적으로 임명한다.

내각의 조직 및 권한은 헌법상 조직법률로 정하게 되어 있어(제127조), 이 규정에 의거해 「내각의 조직 및 권한에 관한 법률」(1994년 공포, 시행, 이하, 내각법)이 제정되었다. 내각법에 의하면, 내각은 국회에 대해서 책임을 지고(제1조), 그 구성은 총리, 부총리, 각 부처 장관 등으로 되어 있다(제4조).이 중 총리는 국회의원이 이어해 하며(제5조), 총리가 국회의 승인을 요구한 후 국왕이 임명하는 각 부처의 차관은 내각 구성원에게는 포함되지 않는다(제6조). 총리의 직권으로 정부를 대표하고(제8조), 내각을 주재하며 일반 국무에 대해 내각을 지휘 및 감독한다(제9조). 또, 준칙령, 내각결정, 내각통지에 서명하는 것이 법정되고 있다(제13조). 이 외에 총리가 가지는 인사권에 대해서는 내각구성원, 국립은행 총재 및 부총재, 정무 차관, 왕국 정부고문 및 총리고문, 관방장관, 각 부처 사무차관 및 관방장, 주지사 및 자치시 시장, 외교관 및 외교사절, 국군 사령관의 임명 · 이동 · 파면은 국민의회의 동의를 필요로 하며, 국회가 총리의 제안을 승인한 후에 총리가 서명하고 국왕의 칙령에 의해서 임명되는 것으로 하고 있다(제14조).

그러나 이후 정권을 잡은 한 자들은 1979년 '크메르 루즈'정권을 배척하고 베트남의 지원 아래 근대적 행정 기구의 재건에 종사하였던 헨 샘린 정권의 간부와 1991년의 평화달성 이후에 신정권에 참가한 훈신펙당에 속한 자들이었다. 당초 「100인 이하의 사람들이 핵심이 되어」 발족하였던 헨 샘린 정권은 극도의 인재 부족으로 인하여 시급하게 인재양성으로 대응하여 1982년에 개설된 행정·사법 공무원 양성학교에서 불과 5개월간의 과정을 끝낸 자들을 공무원으로서 채용할 수밖에 없었다. 이러한 노력의 결과, 1990년에 중앙, 지방의 행정 기관 및 104개의 고유 기업에 소속된 국가 공무원, 복무원의 총수는 교원 55,000명을 포함하여 20만에서 21만 명까지 달하게 되었다.

Ⅳ. 행정개혁의 동향

1993년의 정권 발족의 전후에 유엔개발계획(UNDP)은 캄보디아의 행정기구와 공무원 제도에 대해 상세한 조사를 수행하였고, 관련 제언을 받은 캄보디아 정부는 1996년부터 정부능력강화, 중앙관청 관리능력강화, 공무원 개혁, 인재양성, 지방행정강화 총 5분야에서 행정개혁 국가계획을 시행하도록 하였다. 파리에서 개최된 「제3회 캄보디아 재건을 위한 국제회의」(1995)에서 각국에 지원을 요구하였다. 그리고 1995년에는 공무원 수 확인에 착수했지만, 국방성, 내무성은 당초부터 공무원 수의 확인작업에서 제외되어 부처 간의 이해대립과 부처 내의 정당 간 대립에 의한 혼란으로 인해 계획이 무산되었다. 그 후 1998년의 국회의원 총선거를 통해 수립된 정권에서는 인민당의 정치 기반이 강화되어 푼센 총리는 개혁의 추진을 표명하고 1999년 3월 12일 내각결정 및 3월 19일 칙령으로 총리를 의장으로 하는 국가개혁 최고평의회와 그 아래 행정개혁평의회, 사법개혁평의회, 국군개혁평의회를 설치하였다. 이 배경에는 반정부세력인 '크메르 루즈'가 와해되어 군사적 위협이 소멸한 상황에서 인민당이 국내외의 지지를 얻기 위해서는 '크메르 루즈'의 복권을 저지할 수 있는 유일한 정치 세력으로부터 「국민과 국제사회의 기대에 부응할 수 있는 유일한 정치 세력」으로 거듭날 필요가 있었다. 이러한 국내 정세의 변화를 수용하여 2000년의 캄보디아지원국회의에서 캄보디아 정부는 양질의 정부의 실현이 최우선 과제라고 표명하여 국제사회에 지원을 요구하였다. 이에 따라 다음 해 지원국회의에서 정부행동계획을 제출하였고 이에 더하여 2002년에는 「공무원 제도 합리화의 도달 및 2002-2006년 발전전략」을 발표하는 등 공무원 제도 개혁에 임하고 있다.

V. 청원권(국민회의)

헌법은 대표제 의회 뿐만 아니라 국민에 의한 청원권 행사를 다루는 기관으로서 제12장에 「국민대회」를 두었다. 국민대회에서 「크메르 시민」은 국익과 관계되는 정보를 국가기관으로부터 직접 받아 문제를 제기해, 국가기관에 대해서 문제의 해결을 청원 할 수 있다(제147조). 이 국민대회는 매년 12월에 총리가 소집해, 국왕의 주재 아래에서 개최된다(제148조). 국민대회는 국민의회, 상원, 정부에 대해서 대응을 요구하는 권고를 채택하고 이 권고는 이러한 국가기관에 의해서 검토되는 것으로 하였다(제149조). 이러한 규정은 제4차 개정(1958년)에 의해서 구 캄보디아 왕국 헌법(이하, 1947년 헌법) 제8장 「국민대회」에 포함된 것과 같은 규정이었다. 1947년 헌법에서 국민대회는 「왕권사회주의」를 표방하는 시하누크의 압도적인 국민적 지지를 배경으로, 직접 민주제를 체현 하는 장치로서, 국민의회를 견제하고 스스로의 정책을 실현하기 위해서 설치한 제도이다. 이 제도는 어떠한 경위로 1993년 헌법으로 도입되었는가는 분명하지 않지만, 현재에 이르기까지, 국민대회의 설치법은 기초 되지 않고, 실제로 개최되지도 않았다.

VI. 지방행정

헌법은 지방행정제도에 관하여「캄보디아 왕국의 국토는 주 및 자치시 구획된다. 주는 군(Srok)으로, 군은 면(Khum)으로 구획된다. 자치시는 구(Khan)로 구(Khan)는 동(Sangkat)으로 나뉘어 지며(제126조), 주, 자치시, 군, 면, 구, 동 등은 조직법에 따라 통치된다(제127조). 헌법상 지방행정제도에 관한 규정은 위이 2개 조에 불과하다. 현재는 20의 주 및 프놈펜(수도), 남부의 항만 도시 카엡과 시하누크 · 빌, 최근까지 '크메르 루즈'의 반정부 무장투쟁의 거점이었던 태국경계의 파이 린이 자치시로 지정되어 있다. 주지사 및 자치시 시장은 통리의 제안에 따라 국왕이 국회의 동의를 얻어 칙령으로 임명하도록 되어 있으며, 지방공공단체의 수장의 실질적 임면권은 수상에게 부여되어 있다(내각법 제14조). 따라서 지방행정은 내무부의 소관으로 되어 있다. 헌법 제127조에 정해진「조직법」은 아직 공포, 시행되지 않았지만 지방 행정에 대해서는「마을 및 구의 행정 조직에 관한 대신 준칙령」,「주 및 자치시의 행정 당국의 직무 및 직책 및 조직에 관한 내무부 선언」및「주지사, 부지사, 자치시 시장, 부시장 및 행정 조직의 직무에 관한 내무부 선언 부칙」이 정해져 있다.

캄보디아의 지방분권을 둘러싼 논의는 1990년대 말에 아시아 개발은행(ADB)이나 독일 기술협력공사(GTZ)가 지역행정의 의사결정에 주민을 참가시키는 것을 권고했던 것에 유래하였다 .그 이후로 캄보디아 정부와 유엔기관, 국제 원조기관 간에는 코뮌으로 통칭되는 말단 행정구역과 자치시의 구 평의회(각각 동(Sangkat) 의회, 구의회에 상당)의 의원 공선제의 부활에 대한 논의가 계속되었다. 그 결과 2001년 전국 1,621개의 코뮌 평의회의 의원 선거를 위한 코뮌 평의회 선거법이 공포, 시행되었고, 2002년과 2007년 코뮌 평의회 의원 선거가 실시되었다. 코뮌 평의회 선거법은 15,000명에서 2만 명이 거주하는 코뮌에 대하여 평의회의 정족수를 5명에서 11명로 하여 무소속 후보를 배제한 비례대표제를 채용하였으며, 득표수로부터 의석수를 산출하는 방식으로서 국정 선거와 같은 Highest average을 채택하였다.

제4절 헌법 규정상 캄보디아의 입법체계[7)]

I. 개관

1970년까지 캄보디아는 양원제 의회(Bicameral Parliament)로 구성된 군주국(Monarchy)이었다. 1970년부터 1975년까지는 양원제(兩院制)의회를 가진 공화국 국가(Republic State)였고, 1975년부터 1979년까지는 단원제(일원제)인 의회와 전체주의 공산정권(Totalitarian Communist Regime) 체제였다. 그리고 1979년에서 1993년까지는 단원제(일원제)인 의회를 가진 사회주의 모델(Sociallist Model)을 취하고 있었다. 이어서 1993년 이후에서야 비로소 캄보디아는 단원제 의회를 가진 입헌군주국(Constitutional Monarchy)인 국가가 되었다.

이렇게 짧은 시간 속에서 연속적으로 이루어지는 역사적인 변화에 직면한 캄보디아 의회는 다른 국가들처럼 의회제도와 국가체제에 대한 완성으로 보장할 수가 없었다. 또한 1998년 국회의원 총선거 후 캄보디아는 그 선거결과에 대하여 많은 의견충돌로 정치적인 위기에 직면하게 되었다. 하지만 1998년 11월 12일과 13일에 캄보디아 국왕의 주도하에 주요정당 지도자들과 정상회담을 통하여 해결점을 찾게 되었다. 이러한 국왕과 정당지도자 간의 회의를 통한 결과로 캄보디아는 새로운 '양원제'라는 의회제도를 획득할 수 있게 되었다. 즉 1993년에 제정된 캄보디아 왕국 헌법을 수정하여, 1999년 3월에 캄보디아왕국 수정헌법에 '상원(Senate)'에 관한 장을 신설하게 되었다.

---

7) 김종천, 「캄보디아의 입법체계」, 『최신외국법제정보』 2011년 제1호, 한국법제연구원, 2011, 75면 이하 요약 정리.

II. 캄보디아왕국 건국헌법(1993년)에 있어서 입법부

1. 캄보디아왕국 건국헌법에 있어서 국회의 구성

캄보디아 건국헌법은 단원제(일원제)를 취하고 있었다. 국회는(하원: The National Assembly) 자유, 보통, 평등, 직접, 비밀 투표에 의하여 선출된 의원들로 구성한다. 국회(하원)는 적어도 120명의 인원으로 구성된다. 국회의원(하원)은 재선될 수 있으며(제76조), 국회의원(하원)의 임기는 5년이다(제78조).

그리고 국회의원(하원)의 임기가 끝나기 6개월 전에 의원의 사망, 사표, 해임 등이 있는 경우는 대리자를 국회 내부 절차법과 선거법에 의해 임명한다(제95조).

2. 캄보디아 국회의원(하원)의 선거

캄보디아 국회의원(하원)으로 선출될 수 있는 자는 적어도 나이 25세, 캄보디아 출생 국적을 가진 자로 남녀 모두 투표권을 가지고 있다(제76조). 그리고 선거법(Law on the 2009 Council Election)[8]에 선거준비, 절차, 선거과정을 상세하게 규정하고 있다.

---

8) 캄보디아의 의회선거법(2009)은 총칙, 의회선거의 행정, 선거시스템 공식, 정당 및 후보자등록, 유권자명단, 투표소, 선거운동, 투표 및 여론조사, 투표개표 및 선거결과, 비상상황시 재투표, 의회구성원 교체, 선거논란의 해결을 위한 관할권, 보궐선거, 예산, 벌칙 등에 관련하여 92개의 조문으로 구성되어 있다. 의회선거법 제5조에 의회선거는 어느 일요일 하루에 실시한다. 선거의 정확한 날짜는 내무부장관의 요청으로 수상이 정한다고 한다. 그리고 투표시간과 관련해서 의회선거법 제50조를 보면, 오전 7시에 시작하여 오후 3시까지 종료한다고 정하고 있고, 오후 3시에 투표장소 내부에 참석한 모든 유권자들은 오후 3시 경계선을 넘었더라도 투표를 허용하여야 한다고 정하고 있다. 또한 의회선거법 제44조에 선거운동은 15일 동안 행해지고 선거일 24시간 전에 종료한다고 정하고 있다.

3. 캄보디아 국회의원(하원)의 국민 대표성

국회의원(하원)은 그의 선거구의 캄보디아 시민뿐만 아니라 전체 캄보디아 국민을 대표한다. 그리고 위임명령은 무효로 한다. 동 헌법규정은 대의제 민주주의 하에 "국회(하원)는 국민을 대표한다(represent)"는 의미이다. 그러나 의회를 국민의 대표기관으로 간주하는 경우에도 정치적인 대표기관으로도 보아야 할 것이다. 또한 위임명령은 무효로 한다는 것은 '무기속위임의 원칙'을 천명하고 있다.

4. 국회의 입법기간과 해산권

국회의 입법기간은 5년이며 새로운 국회가 소집되는 날 종료된다. 국회는 왕립정부가 12개월 이내에 두 번 해임될 때를 제외하고 국회의 입법기간이 끝나기 전에는 해산되지 않는다. 수상의 제안을 접수하여 국회의장의 승인이 있는 경우, 왕은 국회를 해산할 수 있다. 새 국회의원의 선거는 해산일로부터 60일 이내에 실시한다. 이 기간 동안 왕립정부는 일상적인 업무를 수행하도록 권한을 부여 받는다.

전쟁시 또는 선거를 실시될 수 없는 다른 특별한 상황이 존재하는 경우에 국회는 국왕의 요구로 1년 동안 한 차례 그 기간을 연장할 수 있다. 이와 같은 기간 연장은 재적의원 3분의 2의 찬성투표를 필요로 한다(제78조).

5. 국회의원(하원)의 왕립정부에 대한 겸직제한

국회의원(하원)은 그가 왕립정부에 봉사하도록 요구된 때를 제외하고 헌법에 의해 설립된 다른 기관의 직을 보유하거나 어떤 활동적인 공공기능의 임무를 맡을 수 없다. 이러한 상황에서 지명된 보통의 국회의원(하원)직을 보유하지만 상임위원회와 그 밖의 다른 위원회에서 어떠한 지위도 인정되지 않는다(제79조).

6. 국회의원(하원)의 특권으로서 면책특권과 불체포특권

캄보디아 국회의원(하원)은 면책특권을 누린다. 국회의원은 자신의 직무를 수행하는 동안 표현된 의견 때문에 고발, 체포, 구금되지 않는다. 국회의원의 고발, 체포, 구금은 현행범의 경우를 제외하고 국회의 허가 또는 국회 상임위원회에 의한 허가로만 가능하다. 이 경우 관할 당국은 그 결정을 위하여 국회나 상임위원회에 즉시 보고하여야 한다. 국회 상임위원회의 결정은 국회 재적의원 3분의 2에 의한 승인을 위해 다음 회기에 국회에 상정한다. 어떤 경우에 의원의 구금 또는 집행은 국회 재적의원 4분의 3의 다수 투표에 의해 중지한다(제80조).

7. 국회의 예산권

국회는 그 기능을 수행하기 위하여 자치예산을 갖는다. 국회의원(하원)은 보수를 받는다(제81조).

8. 국회의 운영과 의사절차

(1) 국회의 입법시기

국회는 왕의 통지로 선거 후 60일 이내에 최초회기를 갖는다. 국회는 개회하기 전에 국회의원의 위임에 대한 유효성을 결정하고 재적의원 3분의 2로 의장, 부의장, 각 위원회의 위원을 각각 투표에 의하여 뽑는다. 모든 의원은 부속조항 5에 따라 수임하기에 앞서 선서를 하여야 한다(제82조).

(2) 보통회기와 특별회기

국회는 1년에 2번 보통회기를 소집한다. 각 회기는 적어도 3개월 동안 지속되어야 한다. 왕, 수상으로부터, 또는 재적의원 3분의 1의 찬성으로 소집요구가 있으면 국회 상임위원회는 특별회기를 소집하여야 한다. 이러한 경우에 특별회기의 회기 일자를 전체 의원에게 통보하여야 한다(제83조).

(3) 국가 비상사태시 소집시기

국가가 비상사태에 처할 경우 국회는 매일 소집한다. 국회는 상황이 호전될 경우는 언제라도 비상사태를 종결할 권리를 갖는다. 국회가 외국 군대에 의한 점령과 같은 상황 때문에 소집될 수 없는 경우에는 비상사태 선언은 자동적으로 연장된다. 국회는 비상사태 기간 동안 해산되지 않는다(제86조).

(4) 국회 상임위원회의 업무 조정 및 소집장소

국회 회기 동안에 국회 상임위원회는 국회의 업무를 조정한다. 국회 상임위원회는 의장, 부의장, 그리고 각 위원회[9]의 장들로 구성한다(제84조). 그리고 국회 회기는 특별한 환경 때문으로 소집에 대한

---

9) 현재 캄보디아는 9개의 상임위원회를 운영하고 있다. 예컨대, 고충처리 및 인권보호위원회, 금융 및 재정위원회, 환경 · 농업 · 농촌개발 · 투자 · 계획 · 경제위원회, 정보 및 미디어 · 국제협력 · 외교위원회, 입법위원회, 관광 · 문화 · 종교 · 교육위원회, 여성 · 사회 · 건강위원회, 부패와 조사 · 국방 · 내무위원회, 상업 · 광산 · 에너지 · 산업 · 우체국 · 통신 · 교통 · 공공위원회로 구성되어 있다.

명문 규정이 없는 한 국회에서 개최한다. 명문화된 장소와 일자로 규정된 회기를 제외하고 어떠한 국회의 회기라도 불법적이고 무효인 것으로 간주한다(제85조).

(5) 국회의 의사공개의 원칙

국회는 공개적으로 진행한다. 국회는 국회의원 10분의 7의 정족수가 있다면 유효한 것으로 간주한다. 국회는 왕, 국회의장, 수상 혹은 재직의원 10분의 1의 요구가 있을 경우 비공개 속에 의사를 진행한다(제88조).

9. 국회의 권한

(1) 국회의장의 권한 및 사고 · 유고시 직무대행자 선임

국회의장은 국회회기의 의장직을 맡고, 국회에 의하여 채택된 법안과 결의안을 접수하고, 내부 절차법에 따른 이행을 보장하고 외국과의 관계를 관리한다. 국회 의장의 질병 때문에 그 직무를 수행할 수 없거나 국가 기능을 충족시킬 수 없거나 사절로 외국에 나가 있을 때에는 부의장이 그 직무를 대신한다. 의장 또는 부의장 의 사퇴 또는 사망의 경우에는 국회는 새로운 의장 또는 부의장을 선출한다(제87조).

(2) 국회의 입법권 및 국가예산 · 조세 · 차관 · 사면 · 국제협정 · 국제조약 · 전쟁선포 등에 관한 승인권

국회는 입법권을 가지는 유일한 기관이다. 이 권력은 어떤 다른 기관 혹은 개인에게 양도될 수 없다. 국회는 국가예산, 국가 기획, 차관, 대출, 조세의 신설, 변경과 폐지를 승인한다. 국회는 행정판단을 승인하고 사면에 관한 법을 승인한다. 국회는 조약 · 국제 협정을 승인 또는 파기한다. 국회는 전쟁선포에 관한 법을 승인한다. 앞서 언급된 조항의 채택은 재적의원 과반수로 결정한다. 국회는 재적의원 3분의 2로 왕립 정부의 신임을 묻는다.[10)]

(3) 법률안의 승인권

국회에 의해 승인되고 공포를 위해 왕이 서명한 법률은 서명 후 10일이 지나 프놈펜에서 발효되고, 20일이 지나 전국에 걸쳐 발효된다. 긴급으로 규정된 법률은 공포 후 전국에 걸쳐 즉시 발효된다(제90조).[11)]

(4) 국회의원과 수상의 입법권

국회의원(하원)과 수상은 입법권을 갖는다.(제91조). 의원은 법조항의 수정을 제안할 권한을 갖는다. 그러나 그 제안은 만약 공공의 이익을 해치거나(제92조). 국민에게 부담을 증가시키는 것이라면 수락될 수 없다.

---

10) 1993년에 제정된 캄보디아왕국 헌법 제90조(Constitution, Art. 90.)는 1999년 3월에 캄보디아왕국 수정헌법(New Constitution, Art. 90.)으로 개정되었다. 캄보디아왕국 수정헌법 제90조에 의하면, 국회는 헌법과 법률에 근거하여 임무를 수행하고, 입법권을 가지는 기관이다. 국회는 국회예산, 국가기획, 차관, 금융거래, 조세의 신설, 변경과 폐지를 승인한다. 국회는 행정판단을 승인하고 사면에 관한 법을 승인한다. 국회는 조약과 국제 협정을 승인 혹은 폐지한다. 국회는 전쟁선포에 관한 법을 승인한다. 앞서 언급된 조항의 채택은 국회 재적의원의 절대다수로 결정한다. 국회는 재적의원 3분의 2로 왕립 정부의 신임을 묻는다.

11) 캄보디아왕국 수정헌법 제93조(New Constitution, Art. 93.)에는 국회에 의해 승인되고 상원에서 최종적으로 회부되어 왕이 서명한 법률은 서명 후 10일이 지나 프놈펜에서 발효되고, 20일이 지나 전국에 걸쳐 발효된다. 그러나 긴급으로 규정된 법률은 선포 후 전국에 걸쳐 즉시 발효된다. 왕이 발효한 법률은 정부 관보(Gazette)에 발행되고, 위의 계획에 따라 지방으로 발효된다.

10. 국회의원의 왕립정부에 대한 견제권한

(1) 왕립정부의 서면제출권 · 공개토론 · 질의 및 교환권

국회의원은 왕립정부를 견제할 권한을 갖는다. 그 견제 행위는 국회의장을 통해서 서면으로 제출한다. 답변은 한 명 또는 수명의 장관의 책임과 관련된 문제에 따라 한 명 또는 수명의 각료에 의해 이루어진다. 만약 그러한 경우가 왕립정부의 종합적인 정책과 관련이 있으면 수상 단독으로 답변을 하도록 한다. 장관 또는 수상의 답변은 구두 또는 서면으로 이루어진다. 답변은 질의가 접수된 후 6일 이내로 이루어져야 한다. 구두 답변의 경우 국회의장은 공개적 토론을 개최할 것인지 여부를 결정한다. 토론이 없으면 장관 또는 수상의 답변은 종결된 것으로 간주한 다. 토론이 있는 경우는 질문자, 기타 이의자, 장관 또는 수상 등은 1회기를 초과하지 않는 범위 내에서 견해를 교환할 수 있다. 국회는 질문과 답변을 위해 매주 1일씩 소집한다. 이러한 목적으로 준비된 회기 동안 결의사항은 없다(제96조).

(2) 관련 장관 출두

국회의 위원회는 어떤 문제를 규명하기 위해 책임 소재하에 있는 관련 장관을 출두한다(제97조).

(3) 왕립정부 각료 해임권

국회는 재적의원 3분의 2에 의한 불신임 결의로 왕립정부의 각료 일부 또는 전부를 해임할 수 있다. 국회의원 30명 이상의 동의로 불신임안을 국회에 상정 할 수 있다(제98조).

III. 캄보디아 '수정'헌법(1999년)상 입법부(상원: Senate)의 내용

1. 상원의 입법권 · 상원인원 · 선거권 및 피선거권의 자격

상원은 헌법과 법률에 의하여 결정된 직무를 수행하고 입법권을 가진다. 상원의 수가 국회의원(하원) 절반을 초과하여서는 안 된다. 일부 상원은 지명되고 다른 상원은 보통선거에 의하여 선출되지 않는다. 상원은 다시 지명되고 재선될 수 있다. 상원의원이 될 수 있는 후보자는 나이 40세 이상, 캄보디아에서 출생하여야 하고, 크메르인이어야 한다(수정헌법 제97조).

2. 상원의 지명권자

국왕은 두 명의 상원을 지명한다. 두 명의 상원의원은 국회의 과반수 투표로 선출된다. 다른 상원의원은 보통선거로 선출되지 않는다(수정헌법 제100조). 캄보디아 수정헌법 제101조는 개별법에 상원의 지명과 상원의원의 선거, 선거조직의 결정, 그리고 선거구에 관한 조직 및 운영절차에 관하여 구체적으로 정한다(수정헌법 제101조).

3. 상원의 임기 · 선거 실시 및 비상사태 발생시 회의기간

상원의 임기는 6년으로 하고, 그 임기는 새로운 상원의 선서를 통해서 만료된다. 상원의 선거가 전쟁과 특별한 상황으로 인하여 실시할 수 없을 때, 상원은국왕의 제안에 따라 1년의 기간 동안 계속할 수 있다. 입법기간의 연속성에 대한 선언은 모든 상원의 3분의 2에 의하여 결정된다. 위에서 설명한 바에 따르면 상원은 매일 회의를 실시한다. 만약 불법적으로 도용한다면, 상원은 회의를 종결할 수 있는 권리를 가진다. 상원은 외국군대의 침입과 같은 국가의 긴급사태가 선포되어 회의를 개최할 수 없다면 자동적으로 효과는 계속된다(수정헌법 제102조).

4. 상원의 권한과 독립성 및 책임성

상원의 권한은 국회의 구성원기능과 공공기능 유지 및 헌법에서 제공하는 다른 기관과 회원관계의 유지를 할 수 없다(수정헌법 제103조). 또한 상원은 국회와 정부 간의 협력에 대한 책임을 가진다(수정헌법 제112조).

5. 상원의 특권으로서 면책특권과 불체포특권

상원의원은 의회에 면책특권을 가진다. 상원의원은 자신의 임무를 수행하는 동안 표현된 의견과 진술 때문에 구금, 고발, 체포, 기소되지 않는다. 구금, 고발, 체포, 기소는 현행범인의 경우를 제외하고 상원회의나 상원의 상임위원회의 승인의 경우에만 가능하다. 이 경우에 관련된 부처는 즉시 상원 또는 상임위원회에 보고하여야 한다. 상원의 상임위원회의 결정은 모든 상원의 3분의 2 찬성으로 다음회의에 제출할 수 있다. 어떠한 경우에도 상원의 구금과 기소는 상원의 4분의 3의 투표로 중지된다(수정헌법 제104조).

6. 상원의 자치예산권 및 보수

상원은 그 기능을 수행하기 위하여 자치예산을 가진다. 상원은 보수를 받는다(수정헌법 제105조).

7. 상원의 운영과 의사절차

(1) 상원의 입법시기 및 구성

상원은 왕의 통지로 선거 후 60일 이내에 최초 회기를 갖는다. 상원은 개회하기 전에 각 상원의원 권한의 유효성을 선언하고, 상원의원 3분의 2로 상원의장, 부의장, 각 위원회의 위원을 각각의 투표로 뽑는다. 모든 상원의원은 헌법 부속조항 7에 따라 수임하기에 앞서 선서하여야 한다(수정헌법 제106조).

(2) 상원의 보통회기와 특별회기

상원은 1년에 2번 보통회기를 소집한다. 각 회기는 적어도 3개월 동안 지속되어야 한다. 왕, 수상 혹은 상원의 3분의 1로부터 제안이 있다면 상원은 특별회기를 소집한다(수정헌법 제107조).

(3) 상원의 상임위원회 및 구성

상원회기 동안 상임위원회는 상원의 업무를 조정한다. 상원의 상임위원회는 회장, 부회장, 각 위원회의 장들로 구성된다(수정헌법 제108조). 그리고 상원은 상임위원회를 설립한 다. 상원의 상임위원회의 조직과 기능은 상원의 내부절차법으로 규정된다. 이러한 내부절차법은 상원의 3분의 2의 찬성으로 승인된다(수정헌법 제109조).

(4) 상원회기의 소집장소

상원의 회기가 특별한 환경 때문으로 소집에 대한 명문의 규정이 없는 한 상원의 회의장소인 캄보디아 왕국의 수도에서 개최한다. 명문화된 장소와 날짜로 규정된 회기를 제외하고 어떤 상원의 회기라도 불법적이고 무효로 간주된다(수정헌법 제109조).

(5) 상원의 업무주재자 및 상원의장의 사고 · 궐위시 직무대행자

상원의장은 상원회의를 주재하고, 상원에 의하여 채택된 법안과 결의안을 접수하고, 내부 절차법의 이행을 보장하고, 상원은 국제적인 관계를 관리한다. 상원의 장이 질병 때문에 그 직무를 수행할 수 없거나, 국가기능을 충족시킬 수 없거나, 또는 사절로 외국에 나가 있을 때 부의장이 그 직무를 대신한다. 의장 · 부의장이 사퇴 또는 사망하는 경우에 상원은 새로운 의장 · 부의장을 선출한다(수정헌법 제110조).

(6) 상원의 의사공개원칙

상원의 회기는 공개적으로 진행한다. 상원은 왕, 수상, 국회의장 혹은 재적의원 10분의 1의 요구가 있을 경우 비공개로 진행한다. 상원의 회기는 상임의원 10분의 7의 정족수가 있다면 유효한 것으로 간주한다. 헌법에서 규정된 것처럼 국회의 승인을 위하여 요구되는 투표의 숫자는 상원에서도 적용된다(수정헌법 제111조).

8. 상원의 법률안 절차 · 법률안 거부권 · 공포권 · 재의요구권

상원은 국회에서 채택되고 제출된 기타 문제의 법률초안 및 법률안에 대한 의견을 늦어도 1개월 이상 검토하여야 한다. 비상사태 발생의 경우에 그 기간은 5일 이내로 축소한다. 상원은 명시적으로 규정된 기간 내에 검토를 초과하는 경우에는 국회에 의해서 채택된 법률을 공포하여야 한다. 상원이 국회에서 채택된 법률과 법률안 및 법률초안에 대하여 수정을 요구하는 경우에는 즉시 그 법률과 법률안 및 법률초안에 대하여 재의를 하여야 한다. 국회는 상원에서 수정을 요구한 법률과 법률안 및 법률초안의 기간 내에 전부 또는 일부를 거절할지 여부를 결정하여야 한다. 상원과 국회 사이에 계류 중이거나 채택된 법률의 교환은 1개월 내에서만 행한다. 이 기간은 국가예산과 재정의 경우에 10일 축소되고, 긴급한 사안의 경우에는 2일 축소된다. 국회 법률상 검토를 지연하거나 명시적인 기간을 초과하여 보류하는 경우에 상원은 두 기간을 동일하게 연기한다. 상원에서 채택된 법률과 법률안 및 법률초안을 거절하지 않는다면, 의회는 1개월 기간 동안 또다시 (재차) 그 법률과 법률안 및 법률초안을 검토하여야 한다. 이 기간은 긴급한 사안의 경우 4일, 국가의 예산과 재정에 관한 경우에는 15일 이내로 축소된다. 재차 채택된 법률과 법률안 및 법률초안을 검토하는 동안,V의회(National Assembly)는 절대다수의 공개투표에 의하여 채택한다. 위의 절차를 통하여 채택되고 제안된 법률은 공포를 위하여 발송된다(수정헌법 제113조).

9. 상원의 보궐선거

상원의 임기가 끝나기 6개월 전에 상원의원의 사망, 사표, 자격상실 등이 있는 경우는 대리자를 상원의 내부절차법과 선거법에 의하여 임명한다(수정헌법 제115조).

10. 상원의 특별한 소집사유 등

특별한 경우에 국회의원과 상원은 국가의 중요한 이슈를 해결하기 위하여 의회로 소집할 수 있다(수정헌법 제116조). 캄보디아 수정헌법 제117조에 법률은 의회의 조직과 기능 및 수정헌법 제116조에서 언급한 중요한 국가의 이슈를 결정한다(수정헌법 제117조).

제5절 기타 헌법규정

1. 경제 관련 규정

헌법에 의하면 캄보디아의 경제와 관련하여 제5장 제56조 이하의 규정으로서 이를 규율하고 있다. 즉 캄보디아는 경제체제에 있어 시장경제제도를 채택하며, 이러한 경제제도의 준비와 시행은 법률에 의해 결정되도록 규정하고 있다(제56조). 시장의 보호에 대하여 국가는 국민의 보다 나은 생활수준을 보장하기 위해 시장관리를 존중하도록 규정한다. 또한 세금과 관련하여 조세법정주의를 명시하고 있으며, 국가예산 및 금융과 재정제도 역시 관련 법률에 의해 결정되도록 규정한다(제57조). 국가재산과 관련하여 토지, 광물자원, 산, 바다, 해저, 대륙붕. 해안, 영해, 섬, 강, 운하, 시내, 호수, 숲, 자연자원, 경제와 문화센터, 국가 방위기지. 그리고 국가재산으로 결정된 기타시설 등을 국가의 소유로 하고 있으며, 국가재산의 조정, 사용, 관리는 법에 의해 결정됨을 명시한다(제58조).

또한 국가는 풍부한 자연자원의 환경과 조화를 보호하고, 토지, 물, 공기, 바람, 지질, 생태계, 광산, 에너지, 석유와 가스, 바위와 모래, 보석, 산림과 산림제품, 야생동물, 물고기와 수산자원 등의 정밀한 관리계획을 수립하여야 하며, 크메르 시민은 그 자신의 산물을 판매하는 권리를 갖는다. 국가에 상품을 판매하는 의무, 사유재산 혹은 국가재산의 임시사용은 특별한 환경 아래 법에 의해 위임받지 않을 경우 금지된다(제59조 내지 제60조).

모든 분야와 원거리 지역, 특히 농업, 공예, 산업의 경제적 발전을 촉진시키고 물, 전기, 도로와 교통수단, 현대기술에 주의를 기울여야 하며, 생산문제에 주의를 기울이고 문제를 푸는 데 협력하고, 농부와 장인들의 생산품 가격을 보호하고 그들의 생산품을 판매할 수 있도록 시장을 알선한다. 의약품과 관련하여 소비자의 생명과 건강에 영향을 미치는 기간이 경과한 상품과 모조품과 불법적인 의약품을 금지하고 그것을 수입하거나 제조하는 사람에 대한 처벌을 규정하고 있다.

2. 교육, 문화, 사회 관련 규정

교육, 문화, 사회 문제와 관련하여 캄보디아는 모든 수준에서 양질의 교육에 대한 시민의 권리를 보호하고 격상시키고, 모든 시민에게 접근될 수 있는 양질의 교육을 위한 필요한 조치를 취하여야 하며, 모든 크메르 시민의 복지를 위한 육체적인 교육과 운동을 존중하도록 규정한다(제65조). 또한 전 국가에 걸쳐서 모든 시민이 생계를 유지하는 동등한 기회를 갖도록 보장하기 위해서 교육의 자유와 평등의 원칙을 보장하는 포괄적이고 평균화된 교육제도를 제정할 의무를 가지며 기술과 외국어를 포함하여 현대 교육학의 원리에 따라 교육 프로그램을 채택하여야 한다(제66조 내지 제67조). 교육제도와 관련하여 국가는 공립학교에서 모든 시민에게 초등과 중등교육을 제공하여야 하며, 시민은 최소 9년의 교육기간이 보장된다. 이외에도 팔리학교와 불교 교육기관을 보급과 발전을 규정한다(제68조).

또한 헌법상 문화보존에 대한 규정을 두고 있는데, 이에 따르면 국가는 국가문화를 보존하고 홍보할 의무와 크메르어를 보호하고 촉진시킬 의무를 부담한다. 또한 국가는 고대의 기념물과 공예품을 보존하고 보호하며 역사적 유적지를 복원하여야 하며, 문화예술적 유산을 훼손시키는 자에 대한 처벌을 근거를 헌법에서 마련하고 있다(제69조 내지 제71조).

보건의 경우 헌법으로 국민의 건강은 보장하고 있으며, 국가가 질병 방지와 의료활동에 최선을 다할 것을 규정한다. 복지측면에서

가난한 시민은 공공병원, 진료소, 산과병원에서 무료로 의료 상담을 받을 수 있도록 규정하고 있으며, 국가는 시골지역에 진료소와 산과병원을 설립하여야 한다(제72조).

사회적 약자인 여성과 어린이에 대하여 국가는 어린이와 어머니에게 각별한 배려를 하여야 하고 국가는 탁아소를 설립하고 부적절한 지원을 받는 여성과 어린이를 지원하여야 한다(제73조). 국가유공자에 대하여 국가는 희생한 전투원의 가족과 장애자를 부양할 의무를 부담하며(제74조), 노동자와 피고용인을 위한 사회안전보장제도를 제정하여야 한다(제75조).

제5장 캄보디아의 민법[1)]

제1절 개관

캄보디아 민법전 초안의 기초에는 일본 민법뿐만 아니라 프랑스 민법, 독일 민법, 스위스 채무법, UN통일매매법, UNIDROIT 국제상사거래원칙, 유럽계약법원칙 등이 참조되었다.

캄보디아 민법은 초안은 2003년 3월 4일에 일본 측으로부터 캄보디아 사법부에 인도되었으며, 2007년 12월 8일에 공포되어 이미 시행되고 있다. 다만 캄보디아 민법 제305조 제1항이 "이 법률은 별도로 법률에서 정한 날부터 적용한다"고 규정하고 있어 아직 캄보디아 국민들 사이의 법률관계에 적용되지는 않으나 「민법의적용에관한법률안」이 이미 2010년 6월 30일 캄보디아 사법부로부터 내각에 제출되었다고 한다. 동 법률안 제4조에 따르면 "민법은 이 법률의 적용일부터 적용"되도록 되어 있으므로, 민법적용법이 국회를

1) 이준현, 「일본의 캄보디아 민법 제정 지원과 제정된 민법의 내용」, 『법조』 제60권 제5호 통권 제656호, 2011. 5, 182면 이하 요약정리.

통과하여 공포되면 그에 따라 민법의 적용일도 결정되게 된다.[2)]

캄보디아 민법의 기초작업에 있어서는 ① 재산법에 대해서는 일본법을 고집하지 않고 가능한 한 국제사회에서 널리 통용되는 원칙을 받아들이며, ② 가족법에 있어서는 캄보디아의 전통 · 관습을 존중한다고 하는 작업방침이 양국의 작업부 쌍방에 공유되었다.[3)]

---

2) 松本恒雄,「カンボジア民法典の制定とその特色」,『ジュリスト』No. 1406, 有斐閣, 2010. 09. 01, 79面.

3) 香川孝三 · 金子由芳(編), 法整備支援論:制度構築の國際協力入門, ミネルヴァ書房, 2007, 201面.

제2절 캄보디아 민법의 체계

캄보디아 민법은 제1편 총칙, 제2편 인(人), 제3편 물권, 제4편 채무, 제5편 각종계약 · 불법행위 등 제6편 채무담보, 제7편 친족, 제8편 상속 그리고 마지막으로 제9편 최종조항 등 총9편 1305개조의 조문으로 되어있다. 캄보디아 민법은 일본 민법과는 달리 판덱텐 시스템을 채용하고 있지 않다 그 이유는 ① 캄보디아는 프랑스 민법을 계수한 민법을 이미 제정 · 시행해 본 경험이 있고, ② 현 정부의 간부 중에는 폴 포트 정권시대에 프랑스로 도망하여 공부한 사람들도 있어 프랑스 법이 익숙할 뿐만 아니라 무엇보다도 ③ 토지제도의 재건을 목표로 한 1992년 토지법이 캄보디아 구 민법을 상당히 반영한 형태로 이미 제정되어 있어 프랑스 민법의 시스템을 일정 부분 수용할 필요가 있었기 때문이었다.[4] 또한 민법초안은 캄보디아 측의 희망을 최대한 반영하여 기본적인 법률개념에 대하여 정의규정을 두었고 각 법문 중에 언급되는 법조문에 대해서는 그 법조문의 제목도 함께 병기하였다.

4) 松本恒雄, 前掲論文, 80面.

제3절 각 편 구성과 특징적 조문

이하에서는 캄보디아 민법의 편별 체계에 따라 우리 민법에는 없거나 우리 민법과는 그 내용이 다르게 되어 있는 규정들, 다른 나라의 민법에서는 보기 어려운 규정이나 법제도를 중심으로 간단히 설명하기로 한다.

I. 제1편 총칙

제1편 총칙은 제1조 사법의 일반법, 제2조 기본이념, 제3조 사적자치의 원칙, 제4조 권리남용의 금지, 제5조 신의성실의 원칙, 총 5개의 조문으로 되어있다. 제1편 총칙은 민법의 제일 앞에 위치하고 있지만 민법 전체에 걸쳐 적용되는 공통적인 사항을 추출하여 앞에 둔 것이 아니다. 따라서 '법률행위'나 '물건'의 개념 '기간'과 '소멸시효'에 관한 내용은 찾아볼 수 없다. 캄보디아 민법 제1편 총칙은 오히려 우리 민법 제1편 총칙의 제1장 통칙(제1조 내지 제2조)에 가깝다고 할 수 있으며 민법의 몇 가지 원칙을 선언하는 것으로 되어 있다.

II. 제2편 인(人)

캄보디아 민법 제2편 인(人)의 구성은 우리 민법의 제1편 총칙의 해당부분과 전체적으로 유사한 순서로 구성되어 있다. 제2편 제1장 「자연인」에서는 '인격권'을 독립한 절(제2절)로 다루고 있으며 이 점에서는 선진적이라 할 수 있다. 인권은 "생명 · 신체 · 건강 · 자

캄보디아 민법전 제2편 인(人)의 구성

제1장 자연인 제1절 권리능력 제2절인격권 제3절 의사능력 제4절 행위능력 -제1관 미성년자/제2관 일반피후견인/제3관 피보좌인/제4관 제한능력자의 상대방의 보호 제5절주소	제5절 부재자의 재산관리와 실종선고 제7절 동시사망의 추정 제2장법인 제1절 총칙 제2절 사단법인 -제2관유한책임사단법인/제2관무한책임사단법인 제3절 재단법인

유 · 성명 · 명예 · 프라이버시 기타의 인격적 이익을 내용으로 하는 권리"로서 정의된다(제10조). 인격권을 위법하게 침해당할 염려가 있거나 이미 인격권침해가 발생하여 위법하게 계속되거나 반복될 염려가 있는 때에는 인격권을 가진 자는 그 침해의 금지를 청구할 수 있고(금지청구권; 제11조), 침해행위의 결과의 제거를 청구할 수 있다(제12조). 인격적 이익을 침해당한 자가 이와는 별개로 불법행위의 규정에 기한 손해배상을 청구할 수 있음은 물론이다(제13조). 이 규정들은 스위스 민법의 규정을 모델로 한 것이라고 한다.

우리 민법과는 달리 캄보디아 민법은 의사능력에 대한 명문규정을 두고 있다. 다^만 의사무능력상태에서 한 계약이나 단독행위는 무효가 아니며, 취소할 수 있는 것으로 규정하였다(제14조). 행위능력이 제한되는 제한행위능력자로는 미성년자, 일반피후견인, 피보좌인이 있다. 자연인은 만 18세로 성인이 되며, 미성년자에 대해서는 프랑스 민법과 마찬가지로 친권해방의 제도가 규정되어 있다(제21조 내지 제22조). 즉 독립자활하고 있는 16세 이상의 미성년자는 법원의 선고에 의해 친권으로부터 해방될 수 있다. 혼인한 미성년자도 친권으로부터 해방됨은 우리와 마찬가지이다(제21조 제2항). 친권으로부터 해방된 미성년자는 성년에 달한 것으로 본다(제22조).

III. 제3편 물권

캄보디아 민법전 제3편 물권의 구성

제1장 총칙 제1절 물(物) 제2절 물권 제3절 물권변동의 원칙 제2장 소유권 제1절 소유권의 내용과 한계 제2절 토지에 관한 상린관계 제3절 공유(共有) 제4절 호유(互有) 제3장 점유권 제1절 총칙 제2절 점유보호청구권 제3절 부동산에 대한 특별점유자의 보호	제4절소유권에기한물권적청구권 제5절소유권의취득 제4장 영차권 제5장 용익권 제6장 사용권 및 거주권 제7장지역권 제1절 총칙 제2절 지역권과 시효 제8장 국가, 불교사원, 소수민족 기타의 공동체의 소유권, 기타의 물권 제9장 토지의 양도에 의해 설정된 권리

캄보디아 민법 제2편「물권」은 그 전체적인 구성과 내용에 있어서 우리 민법 제2편「물권」의 해당 부분과 많은 점을 달리 한다. 즉 우리 민법상 총칙에 있는 '물건'의 개념이「물권」편에 규정되어 있고, 소유권이 점유권의 앞에 위치한다. 또한 소유의 일종으로서 '호유'(互有)를 규정하고 있으며, 부동산의 특별점유자에 대하여 사실상 소유자와 유사한 법적 지위를 인정한다. 그밖에 우리 민법에서는 볼 수 없는 영차권(永借權), 사용권 및 거주권을 물권의 하나로서 규

정하고 있으며, 불교사원 소수민족 기타의 공동체에 대해서도 소유권 기타의 물권의 주체로서의 지위를 인정한다. 캄보디아 민법 제3편「물권」의 전체적인 구성은 프랑스 민법에 가깝다.

캄보디아 민법에 있어서 소유권의 이전을 포함한 물권변동은 당사자 간의 합의에 의해서 효력이 발생한다(제133조). 다만 부동산에 관한 물권변동은 등기하지 않으면 제3자에게 대항할 수 없고 동산에 관한 물권변동은 그 점유의 이전이 없으면 제3자에게 대항할 수 없다(제134조). 즉 대항요건주의를 원칙으로 한다. 이에 대한 중대한 예외로서 당사자의 일방이 부동산의 소유권을 양도하거나 이것을 취득할 의무를 지는 계약은 반드시 공정증서에 의하도록 하고 있고(제136조, 공정증서에 의한 요식계약주의), 또 부동산에 관한 합의에 의한 소유권 이전은 등기에 관한 법령의 규정에 따른 등기를 하지 않으면 효력이 발생하지 않도록 하고 있다(등기의 효력요건주의). 이것은 등기가 아직 정비되지 않은 상태에서 등기를 효력요건주의로 하는 것은 적절치 않다는 일본측 작업부회의 주장과 효력요건주의를 주장하는 아시아개발은행의 전문가와의 절충안으로서 최종단계에서 채택된 고육책이다. 따라서 부동산매매의 경우는 등기가 없으면 소유권 이전의 효과자체가 발생하지 않지만 매매계약에 의한 소유권의 이전을 제외한 물권변동, 즉 저당권의 설정이나 시효취득 등에 대해서는 등기가 대항요건으로 된다.

캄보디아 민법은 공동소유의 방법으로서 '공유'(제5절)와 '호유(互有)'(제6절)를 인정한다. '호유'란 "서로 인접한 토지의 소유자가 각자의 토지 및 토지 위의 건물을 구분하는 벽, 도랑, 제방, 담 등의 울타리를 불가분적으로 공동으로 소유하는 것"을 말한다. 제216조 이하에서는 각 互有者 사이의 이용관계 및 수리 · 개축비용의 부담 등을

자세하게 규정하고 있다.[5]

부동산의 특별점유자에 대하여 소유자와 유사한 법적지위를 인정한 것에 대해서는 캄보디아의 특수한 상황에 대한 이해가 전제되어야 한다. 폴 포트 정권(1975 내지 1979)은 기존의 사법제도를 폐지하면서 등기부 등 국가의 서류를 모두 없애버렸으며, 주민들을 서로 다른 곳으로 강제 이주시켜 기존의 토지이용 관계 및 소유관계를 모두 소멸시켰다. 그 결과 캄보디아에서는 과거의 토지의 소유관계 등을 알 수 있는 등기부나 서류 등이 전혀 현존하지 않는 상황에 있다. 내란이 종결되고 평화가 정착한 후에 고향으로 돌아온 사람들은 타인의 토지나 건물을 임의로 점거해서 경작하거나 거주하기 시작하였고, 이제는 이러한 사람들의 권리를 무시할 수 없게 되었다. 이러한 상황을 반영하여 아시아개발은행(ADB)의 지원으로 제정된 토지법은 현실적으로 토지를 점유하고 있는 자들이 새로이 소유권을 취득하기 위한 길을 마련하였다. 동법은 일정한 요건[6]을 충족하는 점유자는 등기부에 소유권의 등기를 함에 의해 소유권자가 될 수 있도록 하고 있다(2001년 토지법제40조). 즉 점유증명서의 신청 → 신청수리서의 교부→ 조사에 기한 점유증명서의 교부→ 소유권 등기→ 소유권인정→ 토지소유권의 등기증명서 교부라고 하는 절차를 예정하고 있다. 그러나 캄보디아에서는 부동산 등기의 전제로 되는 지적도의 작성이 매우 지지부진하게 진행되고 있기 때문에 소유권이 정식으로 인정된 토지는 일부에 그치고 있고 따라서 점유증명서가 마치 토지의 권리를 증명하는 것처럼 거래되고 있는 실정이

5) 호유에 관해서는 캄보디아 구 민법과 프랑스 민법의 규정을 참고하여 규정을 만들었다고 한다(新美育文, “カンボディア民法典(草案) 物權編, 各種契約 · 不法行爲編および債務擔保編の概要”, 「ICD NEWS」(第7号), 2003. 1, 39面.

6) 점유가 선의 · 평온 · 공연하여야 하며, 5년간 계속되어야 하고 그 토지가 타인에게 귀속되어 있지 않을 것 토^지등기부에 기록이 없을 것의 요건을 말한다.

다. 현실이 이러하기 때문에 캄보디아 민법은 점유증명서를 가지고 있는 점유자(특별점유자)에 대해서는 물권적 청구권의 행사에 관해서는 소유자로 본다고 하는 규정을 두고 있다(제242조).

캄보디아 민법은 토지의 장기임대차를 물권의 일종으로 규정하고 있다. 즉 제4장 「영차권」이 그것이다. 영차권의 규정내용에 대해서는 일본 구 민법의 영차권 규정들이 참조되었다.[7] 반면에 15년 미만의 임대차에 있어서는 임차인은 임차권이라는 채권을 취득할 뿐이지만(제599조 제3항), 부동산의 점유를 취득한 임차인은 목적물의 사용 · 수익을 계속함으로써 그 이후에 물권을 취득한 제3자에 대하여 대항할 수 있고(제598조 제1항), 소유권자가 가지는 것과 똑같은 물권적 청구권을 행사할 수 있다(제598조 제2항).

제5장의 「용익권」은 용익물권의 일종으로서 프랑스 민법, 토지법에 존재하던 것을 계승한 것이다, 용익권은 '타인의 부동산을 사용 및 수익할 수 있는 권리'를 말하며(제256조 제1항), 용익권자는 용익권의 대상이 되는 부동산을 용도에 좇아 사용하며 그 부동산으로부터 발생하는 과실을 수취할 수 있다(제256조 제2항). 용익권은 유상 · 무상 어느 것도 가능한데, 유상의 약정용익권은 위 영차권과 유사한 용도로 사용될 가능성이 있다. 다만 용익권은 용익권자의 생존기간을 최장기간으로 하고 있지만(제56조 제1항), 영차권의 최장기간은 50년이다(제247조).

제6장의 「사용권」은 사용권자와 사용권자 가족의 수요의 한도에서 부동산의 과실을 수취하는 권리이며, 「거주권」은 거주권자와 거주권자 가족의 거주에 필요한 범위에서 건물의 일부를 점유하는 권리이다(제274조). 사용권과 거주권은 부동산의 전면적인 용익은 아니

7) 松本恒雄, 前揭論文 80面.

고 부분적인 사용 · 거주인 점에서 용익권과의 차이가 있으며, 용익권과는 달리 그 권리의 양도나 권리의 목적물인 부동산의 임대가 허용되지 않는다(제280조).

캄보디아민법은 그밖에 국가, 불교사원, 소수민족 기타의 공동체에게 소유권 및 기타의 물권을 인정한다.

IV. 제4편 채무

캄보디아 민법전 제4편 채무의 구성

제1장 총칙 제1절 채무의 발생원인 및 제개념의 정의 제2절 채무의 종류와 태양 제3절 조건·기한·기간 제2장 의사표시와 계약 제1절 계약의 성립 제2절 의사표시의 하자와 계약의 유효성 제3절 무효와 취소 제4절 대리 제5절 제3자를 위한 계약 제3장 계약의 이행 제4장 계약위반에 대한 구제 제1절 채무불이행에 관한 일반규정 제2절 이행의 강제 제3절 손해배상	제4절 계약의 해제 제5장 위험부담 제6장 제3자에 대한 채권의 효력 제1절 채권자에 의한 대위 제2절 사해행위 취소권 제7장 채무의 소멸 제1절 변제 제2절 상계 제3절 면제 제4절 경개 제5절 혼동 제8장 소멸시효 제9장 채권양도와 채무인수 제1절 채권양도 제2절 채무인수 제3절 계약상의 지위의 양도

제4편「채무」에는 우리 민법 중「총칙」편의 '법률행위'에 해당하는 내용들 조건 · 기한 · 기간 소멸시효, 채권총론, 계약총론의 많

은 부분이 수용되어 있다. 캄보디아 민법은 그 구성에 있어서 판덱텐 체제는 포기하였지만 프랑스 민법과는 달리 물권과 채권을 구분하였다. 또 친족에 관한 사항을 제2편「인(人)」에 포함시키는 대신에 민법 끝부분에 별도의 편으로 배치하여 독일 민법적인 태도를 보이고 있다.

제4편「채무」편의 규정은 계약법을 그 중심내용으로 한다. 캄보디아 민법은 계약 외에 단독행위도 인정하나 양자를 통합하는 상위의 '법률행위' 개념은 채용하고 있지 않다.

의사표시는 "법적효과를 발생시킬 것을 의도하는 당사자의 의사의 표시"이다(제310조 제1항). 의사표시는 그 자체로도 의미를 갖기는 하지만 주로 계약의 구성요소로서의 의미를 가진다. 왜냐하면 계약은 "채무의 발생, 변경, 소멸을 목적으로 하는 복수의 당사자의 의사의 합치"이기 때문이다(제311조). 따라서 캄보디아 민법에서는 하자있는 의사표시를 한 자는 그 의사표시를 취소하는 것이 아니라 그 의사표시의 하자를 이유로 해서 계약을 취소할 수 있는 것으로 규정하고 있다(제345조). 일본 민법과는 달리 하자있는 의사표시를 한 자는 그 계약의 체결에 대하여 사기(제347조), 강박(제350조)이 있는 경우뿐만 아니라 착오(제346조)가 있는 경우에도 그 계약을 취소할 수 있으며, 이에 더하여 부실표시(제348조), 상황의 남용(제349조), 폭리행위(제351조)가 있는 경우에도 의사표시를 한 자는 계약을 취소하는 것이 허용된다. 캄보디아 민법에서는 허위표시는 계약의 무효원인인 반면(제353조), 심리유보의 경우에는 그 체결된 계약이 무효로 되지는 않고, 다만 상대방이 그 의사표시가 진의가 아니라는 것을 알고 있는 경우에 한하여 표의자는 계약의 이행을 거절할 수 있을 뿐이다(제352조). 한편 원시적 불능은 계약의 무효원인으로 되지는 않으나(제355조), 단 착오의 요건이 충족된 경우에 계약의 당사자가 착오를 이유로 해서 그 계약을 취소하는 것까지 막는 것은 아니다(제355조 단서).

캄보디아 민법은 이행지체(제391조), 이행불능(제392조), 불안전이행(제393조) 뿐만 아니라 기타의 의무위반도 채무불이행의 한 유형으로 다룬다(제394조).

캄보디아 민법은 채무불이행과는 별도로 매매의 하자담보책임에 관한 규정을 두고 있다. 매수인에게 인도된 물건에 '하자'가 있다고 하기 위해서는 캄보디아 민법 제539조 제2항 각호에서 정한 경우에 해당되어야 하나, 여기에서 '하자'는 전체적으로 계약부적합의 의미로 사용되고 있으므로, UN통일매매법(CISG)과 실질적으로 그 내용이 같다. 단, UN통일매매법(CISG)와 같이 하자개념을 '계약부적합'이라는 채무불이행의 일반적 표현 중에 해소하는 데까지에는 이르고 있지 않다. 캄보디아 민법에 있어서 하자담보책임은 계약책임 내지 채무불이행책임이다[8] 따라서 하자담보책임규정은 종류물 · 특정물을 가릴 것 없이 똑같이 적용된다. 매도인으로부터 매수인에게 하자 있는 물건이 급부된 경우에 매수인에게는 다양한 구제수단이 인정된다. 대체물인도청구권(제542조 제2항), 하자보수청구권(제542조제3항), 대금감액청구권(제544조), 계약의 해제(제543조), 손해배상(제545조)이 그것이다. 매수인이 대체물인도청구권과 하자보수청구권을 행사하기 위해서는 '목적물에 하자'가 있는 것만으로 충분하며 매도인의 과실은 요구되지 않는다. 하자가 추완 가능한 때에 매수인이 계약을 해제하도록 하는 것보다는 매도인에게 추완의 기회를 부여하는 것이 계약 전체로 보아서 합리적일 것이다. 따라서 캄보디아 민법에서는 매수인에게 부당한 불이익을 주지 않는 한 매도인에게 치유권이 인정되고 있다. 즉 매도인이 인도를 하여야 할 날짜 전에 하자있는 물건을 인도한 경우에는 그 기일까지 하자를 치유할

8) 캄보디아 민법 제39조 ① 매도인은 매수인에 대하여 하자없는 물건을 인도할 의무를 부담한다.

수 있으며(제541조 제1항), 인도하여야 할 날짜 후에도 매수인에게 부당한 불이익을 주지 않는 한 매수인이 해제권을 행사하기 전에 자기의 비용에 의해 모든 하자를 치유할 수 있다(제541조 제2항).

채권양도, 채무인수 외에 계약상의 지위의 양도에 대해서도 명문의 규정(제3절)을 두고 있다. 우리의 경우 계약상의 지위의 양도는 학설 · 판례상 널리 인정되기는 하지만 민법규정은 존재하지 않는다.

V. 제5편 각종계약 · 불법행위 등

캄보디아 민법전 제5편 각종계약 · 불법행위 등의 구성

제1장 매매 제1절 총칙 제2절 매매계약의 당사자와 목적물 제3절 매매계약의 효력 제4절 환매권 행사에 의한 매매계약의 해소 제2장 교환 제3장 증여 제4장 소비대차 제1절 소비대차의 의의와 성립 제2절 이자부 소비대차 제3절 대주(貸主)의대여의무 제4절 차주(借主)의반환의무 제5장 임대차 제1절 총칙 제2절 임대차의효력 제3절 임대차의종료	제4절 분익임대차 제6장 사용대차 제7장 위임 제8장 도급 제9장 고용 제10장 임치 제1절 임치에 관한 총칙 제2절 혼장임치 제3절 소비임치 제4절 계쟁물임치 제11장 조합 제12장 종신정기금 제13장 화해 제14장 사무관리 제15장 부당이득 제16장 불법행위

계약각칙과 사무관리, 부당이득, 불법행위가 하나로 합쳐져 캄보

디아 민법 제5편「각종계약 · 불법행위 등」을 구성한다. 그러나 이러한 구성방식이 적절하다고는 할 수 없다. 왜냐하면 각종계약은 당사자의 의사에 의한 채권발생인 반면 사무관리, 부당이득, 불법행위는 법률의 규정에 따른 채권발생으로서 그 채권의 발생원인을 전혀 달리하고 있기 때문이다.

캄보디아 민법이 인정하는 전형계약은 매매, 교환, 증여, 소비대차, 임대차에서 종신정기금, 화해까지 13가지 유형이 있다(제1장 내지 제13장 참조). 그러나 전체적으로 보면 의료계약, 소비자계약 등 이른바 현대형 계약은 전혀 포함되지 않고 기존의 일본 민법(아울러 우리 민법)의 전형계약 유형을 거의 그대로 답습하고 있다. 현재의 캄보디아의 발전정도가 이른바 현대형 계약의 유형들을 민법에 편입하도록 요구할 수준에 까지 이르지 않았다는 점을 고려한 것이라고 생각되기도 하지만 자본주의 시장경제체제에서 계약법이 가지는 중요성을 생각해 볼 때 시대에 뒤떨어졌다는 느낌을 지울 수 없다. 동일한 유형에 속하는 전형계약들 간에는 유상계약을 먼저 무^상계약을 나중에 위치시킨다는 원칙이 관철되어 있다. 이러한 원칙 때문에 우리 민법과 달리 매매가 증여에 앞서서 위치한다.

캄보디아에서는 판사, 검사, 법원서기 기타 재판소 직원이 스스로 또는 중간에 제3자를 두어 자신이 근무하는 법원에 계쟁 중인 물건 또는 권리를 매수하거나 변호사 또는 공증인이 자신이 수임한 사건과 관계된 물건 또는 권리의 매수인으로 등장하여 재판의 공정성을 떨어뜨리고 부패의 원인이 되는 일이 많았다. 캄보디아 민법 초안은 위와 같은 사람들은 계쟁 중인 물건 또는 권리의 매수인이 될 수 없음을 규정하였다(제526조 제1항, 제2항). 이 금지규정에 위반한 매매계약에 대해서는 매도인이나 권리를 다투는 상대방 또는 그 쌍방의 상속인이나 승계인이 이를 취소할 수 있도록 하였다(제526조 제3항). 한편 위와 같은 매수의 금지는 재판 또는 계약상의 재산관리인 강제

매각의 실행 또는 관리를 맡은 공무원의 경우에도 마찬가지로 요구된다(제525조).

매도인은 매수인에 대하여 자신이 부담하는 의무의 내용, 매매의 목적이 된 물건 또는 권리를 둘러싼 법률관계 특히 부동산매각의 경우 권리내용, 부담 등에 대해서 명확하게 설명할 의무를 부담한다(제529조). 이것은 캄보디아에서 소비자법이 정비되기까지에는 아직 상당한 시간을 요할 것이라는 점을 고려하여, 민법에 일반규정으로서 부가한 것이다.

소비대차계약은 대주와 차주의 합의만으로 성립하는 낙성계약이며(제579조), 이자부 · 무이자 소비대차 어느 쪽도 가능하다. 다만 서면에 의하지 않은 무이자 소비대차의 경우에는 이행이 완료된 부분을 제하고, 각 당사자가 언제라도 철회할 수 있다(제580조). 그밖에 캄보디아 민법은 차주의 보호를 위하여 이자의 제한규정을 두어 제한이율을 초과한 부분의 약정을 무효로 하고(제585조 제2항, 제3항), 이자채권의 합의는 차주의 서명이 있는 서면에 의해 이루어지지 않으면 효력을 발생하지 않도록 하고 있다(제583조 제3항).

임차권은 채권이지만 부동산의 점유를 취득한 임차인은 그 이후에 물권을 취득한 제3자에 대하여 대항력을 가지며(제598조 제1항), 임차권에 기한 물권적 청구권도 행사할 수 있어(제598조 제2항) 물권자와 유사한 지위를 가진다. 임차인에게 인도한 임대차 목적물에 하자가 있는 경우 임대인은 하자담보책임을 진다(제605조 내지 제607조). 그밖에 캄보디아 민법에서는 우리 민법에는 없는 분익임대차(제4절)라는 것이 인정된다. 분익임대차란 토지의 소유자가 토지 또는 가축을 대여해서 수익을 올리도록 하고 그 과실을 임대인과 임차인 사이에 배분하는 계약을 말한다(제622조).

부당이득법에 있어서는 20세기에 들어와 특히 독일 민법을 중심으로 매우 많은 발전이 있었다. 캄보디아 민법에 있어서는 이러한 발전이 거의 법률규정으로 수용되지 못했다. 캄보디아 민법의 부당이득에 관한 장은 현행 일본 민법과 거의 다를 바 없으며 규정도 충분하지 않다(제736조3 내지 제741조).

캄보디아 민법의 불법행위 부분(제6장)은 특히 배상범위에 관하여 일본 민법에 비하여 보다 상세하게 규정되어있다. 캄보디아 민법에 있어서 불법행위에 대한 구제수단은 금전배상이 원칙이다(제757조 제1항). 불법행위에 의해 피해자가 사망한 때에는 가해행위 후 피해자 사망까지 피해자에게 발생한 재산적 손해와 정신적 손해에 대해서는 피해자 본인이 손해배상청구권을 취득한다(제760조 제1항). 법률, 관습 또는 계약에 의해 현재 부양의무를 지는 자가 불법행위에 의해서 사망한 때에는 피부양자는 피해자의 사망에 의해 자기에게 발생한 재산적 손해의 배상을 청구할 수 있으며, 이러한 재산적 손해에는 피해자가 사망함으로써 피부양자가 얻지 못하게 된 부양료도 포함된다(제760조 제2항). 즉 피해자의 사망에 의한 일실이익은 피해자 자신에게 발생한 손해로서 고려되지 않으며 피부양자가 자신에게 발생한 재산적 손해로서 부양료의 한도에서 배상청구할 수 있을 뿐이다.

그밖에 만 14세 미만의 자는 불법행위 책임을 부담하지 않는다고 함으로써 책임무능력자로 취급되는 연령을 명문으로 정하고 있고(제745조 제1항), 법인의 불법행위 책임을 여기서 규정하고 있다(제748조). 또한 자동차 기타 운송기구, 폭발물 등 고도의 위험물을 소유 또는 관리하는 자는 그 위험물에 의해 타인에게 발생한 손해를 배상할 책임을 진다(제752조 본문). 이는 무과실책임이지만, 예외적으로 그 손해가 불가항력에 의해 일어난 경우 또는 위험물의 관리에 하자가 없고 피해자 또는 제3자의 행위에 의해 일어난 경우는 그러하지 아니하다(동조 단서).

VI. 제6편 채무담보

캄보디아 민법전 제6편 채무담보의 구성

제1장 총칙 제2장 유치권 제3장 선취특권 제1절 총칙 제2절 일반선취특권 제3절 동산의 선취특권 제4절 부동산의 선취특권 제5절 선취특권의 순위 제6절 선취특권의 효력 제4장 질권 제1절 총칙 제2절 동산질 제3절 부동산질 제4절 권리질 제5장 저당권 제1절 저당권의 의의	제2절 저당권의 성립 제3절 저당권의 효력 제4절 저당권의 실행 제5절 저당권의 처분 제6절 저당권의 소멸 제7절 근저당권 제6장 양도담보권 제7장 보증 제8장 연대채무 제1절 연대채무의 성립 제2절 연대채무자의 1인에 대하여 발생한 사항의 효력 제3절 구상 제4절 변제에의한대위 제5절 복수채무의 기타의 태양

물적담보와 인적담보를 통합하여 제6편「채무담보」를 둔 것은 캄보디아 측의 강력한 요청을 수용한 것이다. 전체적인 체계는 부아소나드 초안을 토대로 하여 기초된 일본 구 민법의「채무담보」편을 모방한 것이다.

캄보디아 민법이 인정하는 담보물권으로는 유치권, 질권, 저당권, 선취특권과 양도담보권의 5가지가 있다. 개별담보물권 규정에 앞서 제1장「총칙」을 두고 있으며, 총 칙에서는 담보물권의 추급력(제772조) 및 모든 담보물권에 공통되는 성질로서 담보물권의 부종성(제769조), 수반성(제770조), 불가분성(제771조)을 규정하고 있다.

우리 민법과 달리 동산뿐만 아니라 부동산도 질권의 목적이 될 수 있다. 2001년 토지법에는 무점유질도 규정되어 있으나, 캄보디아 민법은 이를 민법에 수용하지 않았다. 토지의 무점유질이란 토지의 점유증명서를 채권자에게 인도하는 형식으로 담보권을 설정하는 것이며, 그러한 취지의 등기가 이루어지는 점에 특징이 있다고 한다. 증서를 인도함으로써 동일 부동산 상에 후순위 담보권의 설정이 배제되게 되어 실질적으로는 저당권보다 강한 효과가 발생하지만, 부동산의 남은 담보가치의 활용이 저해되는 단점이 있어 거래의 실무에서는 종종 사용되고 있음에도 이를 채용하지 않았다고 한다. 한편 저당권과 관련해서는 근저당권에 관하여 독립한 절을 두어(제7절) 매우 자세한 규정을 두고 있다(제867조 내지 제887조).

선취특권은 우리 구 민법(일본의 현행 민법)에는 존재하였으나 우리 민법을 제정하면서 삭제된 것이며, 양도담보권은 우리 민법 내에서는 찾아볼 수 없다. 단 양도담보권의 대상은 집합동산을 포함한 동산에 한정되며(제888조), 합의에 의해서 성립하고(제889조), 점유의 이전이 제3자에 대한 대항요건으로 되어있다(제890조).

인적담보로서는 보증과 연대채무가 규정되어 있다. 보증인은 특단의 합의가 없는 한 주된 채무자와 연대하여 채무를 부담한다(연대보증, 제908조제2항). 보증이 서면에 의하지 않은 경우에는 보증인은 언제라도 보증계약을 철회할 수 있으며(제901조 제1항), 서면보증이라 하더라도 보증액이 보증인의 자필로 기재되어 있지 않았다면 마찬가지로 보증계약을 철회할 수 있다(동조 제2항). 모두 보증인의 보호를 위한 규정이며, 특히 후자의 규정은 문자를 읽지 못하는 사람이 의미를 이해하지 못한 채 보증계약을 체결 당하는 것으로부터 보호하기 위한 것이다.

연대채무의 장에서는 불가분채무, 부진정연대채무, 분할채무 등에 관한 규정도 포함 되어 있다(제937조). 또 구상 및 대위가 보증의 경우와 연대채무의 경우로 나뉘어 각각의 장에서 규정되어 있어 이해하기 쉽게 되어있다.

VII. 제7편 친족

캄보디아 민법전 제7편 친족의 구성

제1장 총칙	제3절 친권자의권리와의무
제2장 약혼	제4절 친권자로서의권한의정지와박탈
제3장 혼인	제5절 子의재산을관리할권한
제1절 혼인의 성립	제6절 재산관리의권한의정지와박탈
제2절 혼인의 효력	제7절 본장의준용
제3절 부부재산제	제6장 후견
제4절 이혼	제1절 미성년후견
제4장 친자	제2절 일반후견
제1절 실친자관계	제7장 보좌
제2절 입양	제8장 부양
제5장 친권	
제1절 총칙	
제2절 이혼 및 인지의 경우 친권자의 결정	

친족편은 가능한 한 캄보디아의 전통과 관습을 존중하는 것을 기본방침으로 하여 규정이 작성되었다. 제1장「총칙」에 있어서는 6촌 이내의 혈족, 배우자 및 3촌 이내의 인척을 친족으로 정하고 있다(제938조). 가족구성원 상호간에는 그 권리와 자유가 존중되어야 하며 가정 내의 폭력을 방지하고 인권침해가 발생하지 않도록 할 의무가 있다(제943조).

캄보디아에서는 전통적으로 혼인의 성립 전에「약혼」이라고 하는 중요한 절차를 밟는 것이 요구되고 있다. 약혼에 대해서는 제2장이 규정한다. 약혼은 당사자의 의사와 함께 약혼의 의식이 행하여

짐으로써 성립한다(제944조).

제3장「혼인」과 관련해서는 1989년에 공포된「혼인 및 가족에 관한 법률」(Law on Marriage and Family)이 아직까지 현행법으로서 기능한다. 동법과 캄보디아 민법사이에 차이가 있는 내용 중 중요한 것을 소개하면 아래와 같다.

① 동 법은 남자는 만 20세 이상 여자는 만 18세 이상에 이른 경우에 한하여 자유로이 혼인할 수 있도록 하였으나(제5조), 민법은 성년(만 18 세 이상)에 달한 남녀는 자유로이 혼인할 수 있도록 하여 남녀의 차별을 없애고 성년연령과 일치시켰다(제948조).

② 동법은 a) 상대방과 동성인 경우, b) 남자가 성적불능인 경우, c) 나병 · 결핵 · 암 또는 성병이 아직 완치되지 않은 경우, d) 정신이상 또는 정신장애를 가진 경우 그리고 e) 이전의 혼인이 아직 해소되지 않은 경우에는 혼인할 수 없도록 하여 혼인의 권리를 광범위하게 제한하였다(제6조). 그러나 이는 인권침해의 소지가 커서 캄보디아 민법에 수용되지 않았고, 다만 중혼만을 금지하고 있다(제949조).

③ 동법과 캄보디아 민법에서는 우리 민법에서는 이미 삭제된 재혼 금지기간에 관한 규정이 존재한다. 동법에 따르면 여성은 남편의 사망, 결혼의 무효선고 그리고 이혼승인판결 후 각 300일 동안은 재혼할 수 없다(제9조). 민법은 이를 완화하여 여 성이 재혼하기 위해서는 이전의 혼인이 해소되거나 취소된 날로부터 최소 120일을 경과하면 족한 것으로 하고있다(9제50조).

④ 동법은 이혼의 절차 및 효과에 대하여 매우 상세한 규정을 두고 있으나(제38조 내지 제78조), 민법은 이를 단순화하였다(제978 내지

984조).[9)]

⑤ 동법은 a) 상대방이 정신이상 또는 정신병을 가진 경우, b) 남자가 20세 미만이거나 여자가 18세 미만인 경우 등 몇 가지 사유가 있을 경우 그 혼인을 무효로 하고 그 절차를 규정하고 있다(제21조 내지 제28조). 이에 반하여 민법은 혼인의 무효와 취소를 구별하여 당사자 간에 혼인의 의사가 없거나 법률이 정한 절차를 거치지 않은 경우에는 그 혼인을 무효로 하고(제958조), 그 밖의 경우에는 취소할 수 있는 것으로 하였다(제959조 내지 제964조). 그 밖에 혼인에 의한 성년 의제제도가 새로이 도입되었다(제968조).

한편, 혼인기간 중에 부부쌍방 또는 일방이 취득한 재산은 그 일방이 증여상속, 유증에 의해 취득하였거나 결혼 전의 재산을 처분한 대가로서 얻은 경우를 제외하고는 부부의 공유재산으로 하고 있는 점이 특기할 만하다(제973조).

제4장 「친자」에 있어서는 혼인성립일로부터 180일 후 또는 혼인의 해소 취소의 날로부터 300일 이내에 출생한 자는 혼인 중에 포태한 것으로 추정한다는 규정을 두고 있다. 재혼금지기간 규정에 위반하여 재혼한 여자가 子를 분만하였으나 그 子의 父를 정할 수 없는 때에는 그 子는 후혼의 남편의 자로 추정된다(제988조).

양자제도와 관련하여 캄보디아 민법은 완전 양자제도와 단순 양자제도를 구분하여 모두 인정하되 전자를 원칙으로 하고 있다. 완전 양자에서는 양친의 실제 자녀와 동일한 신분이 주어지며 입양 후에는 그 친생부모 및 혈족과의 법률관계가 단절되고 파양도 인

---

9) 반면에 동법과 캄보디아 민법이 정하는 혼인의 절차는 같다. 캄보디아에서 혼인은 신청 → 공고(이의가 있는 경우 10일 이내에 이의제기) →호적공무원 면전에서 혼인계약의 체결→ 혼인등록의 절차를 거침으로써 법적효력이 발생한다(동법 제12 내지 18조, 민법 제955조).

정되지 않는다(제1007조, 제1014조). 양친은 25세 이상이어야 하며 양자보다 적어도 20세 이상 많아야하는 반면(제1009조), 양자는 원칙적으로 8세 미만이어야 한다(제1010조). 한편 단순 양자는 25세 미만의 자가 양자로 될 자와 함께 법원에 신청함으로써 성립시킬 수 있다. 양자로 될 자는 완전 양자에 있어서와 같이 연령의 제한을 받지는 않으며, 양친으로 될 자의 존속이나 연장자만 아니면 무방하다(제1020조). 단순 양자에 있어서는 양자와 실제 부모 사이의 친족관계는 종료하지않는다. 따라서 양자는 양친뿐만 아니라 실제 부모의 친권에도 복종하며(공동친권, 제1027조), 실제 부모의 재산을 상속할 권리가 있고 실제 부모와의 사이에 부양의 권리와 의무를 가진다(제1026조).

제5장은「친권」에 관하여 규정하고 있다. 친권은 부모의 공동행사가 원칙이다(제1036조). 이혼 후 친권자로 되지 않은 부모의 일방은 子에 대한 면접교섭권(제1040조)과 자의 상황에 관한 보고청구권(제1041조)을 가지며, 子에 관한 중요한 사항에 대하여 친권을 가진 자와 협의할 권리가 있다(제1042조).

제6장「후견」에 있어서는 미성년자 후견과 일반 후견으로 구분하여 규정되어 있다. 친족회는 존재하지 않으며, 후견감독인이 후견인의 직무를 감독하고 후견인과 피후견인 사이에 이해상반행위에 대하여 피후견인을 대표한다(제1077조, 제1112조).

제7장「보좌」는 정신상의 장해에 의해 자신의 행위의 법적효과를 인식하고 판단할 능력이 현저하게 불충분한 자에 대하여 본인, 배우자 등의 신청에 의해 법원이 그 개시의 선고를 함으로써 개시된다(제1136조). 보좌인은 민법 제30조에 언급된 행위를 피보좌인이 행할 경우에 이에 동의하거나, 피보좌인이 동의를 얻지 않고 그러한 행위를 행하였을 경우에 그 행위를 취소할 수 있는 권한을 가진다(제1139조).

VIII. 제8편 상속

캄보디아 민법전 제8편 상속의 구성

제1장 총칙 제1절 상속의 개시 제2절 상속의 효과 제3절 상속적격 제2장 법정상속 제1절 상속인 제2절 배우자의 상속 제3절 상속분의 조정 제3장 유언상속 제1절 유언능력 제4장 유류분 제1절 총칙 제2절 유류분감쇄의 방법 제3절 감쇄청구권의 소멸 제5장 상속의승인과 포기 제1절 총칙 제2절 승인	제3절 포기 제6장 상속재산의 관리와 분할 제1절 상속재산의 관리 제2절 유언능력 제3절 유언의방식 제4절 유언사항 제5절 유언의취소 제6절 유언의효력 제7절 유증 제8절 유언의집행 제9절 유언분할 제10절 채권자간의 조정 제11절 한정승인이 있었던 경우의 청산 등 제7장 상속인의부존재 제8장 상속회복청구

제1장「총칙」에 있어서 캄보디아 민법의 특기할만한 점은 다음과 같다.

① 제구 및 분묘 또는 전래의 동산 가보의 소유권에 대해서 별도의 규정을 두고 있다. 즉, 피상속인의 지정에 좇아 승계할 자가 있는 경우에는 그 자가 피상속인의 지정이 없는 때에는 관습에 좇아 제구 등을 승계할 자가 승계한다. 관습이 명확하지 않은 때에는 법원이 이를 정한다(제147조 제2항).

② 상속인의 배제에 대하여 별도의 규정을 두고 있다. 즉 유류분을 가지는 추정상속인이 피상속인을 학대하였거나 중대한 모

욕을 가한 경우, 피속인이 아픈 때에 돌보지 않은 경우 종신형의 유죄판결을 받거나 그 밖에 현저한 비행을 저지른 경우에는 피상속인은 그 추정상속인을 상속으로부터 배제하거나 법원에 그 배제를 청구할 수 있다(제1151조). 유언에 의한 배제도 가능하다.

③ 캄보디아 민법은 특이하게도 상속인이 외국인일 경우를 위하여 명문의 규정을 두고 있는 바(제1155조), 외국인은 캄보디아의 토지를 상속 또는 유증에 의하여 취득할 수 없으며, 선순위의 상속인 전원이 캄보디아 국적자가 아니면 상속재산 가운데 토지는 이것을 법인으로 하고 당해 선순위 상속인 전원이 그 관리 · 처분을 행한다.

제2장 「법정상속」에 있어서는 우리와 마찬가지로 피상속인의 직계비속, 직계존속, 형제자매의 순으로 상속인이 된다(제1156 내지 제1160조). 배우자는 법정상속인과 동순위로 상속하며, 그 상속분은 직계비속과 같이 상속하는 경우에는 직계비속 각자와 같고, 피상속인의 부모와 같이 상속하는 경우에는 3분의 1이다. 단, 피상속인의 부모가 1^인 밖에 생존하고 있지 않은 경우에는 배우자와 생존하는 직계존속이 균분하여 상속한다. 배우자가 피상속인의 부모 이외의 직계존속 또는 형제자매와 같이 상속하는 경우 배우자의 상속분은 2분의1 이다. 상속분을 정함에 있어서 특별수익자의 상속분, 기여분 등이 고려됨은 우리와 같다(제1163 내지 제1166조).

제3장 「유언상속」과 관련해서 법률이 정한 방식에 좇지V않은 유언은 무효이다(제1170조). 특기할 것은 판결 또는 행정처분에 의해 격리된 장소에 의해 수용되어 있는 자가 경찰관 또는 수용소의 직원 및 증인 2인 이상의 입회 하에 유언장을 작성할 수 있도록 한 점이다(제1178조). 유언은 그 유언을 한 방식에 좇아 이를 취소할 수 있고

(제1189조), 유언자의 생전 처분에 반하는 유언부분은 이를 취소한 것으로 본다(제1190조). 유언의 취소권은 포기할 수 없다(제1192조).

민법 제4장은 「유류분」에 대해서 규정하고 있다. 즉 상속인이 부모 또는 조부모 뿐인 경우에는 피상속인의 재산의 3분의 1을 기타의 경우에는 피상속인의 재산의 2분의 1을 유류분으로서 취득할 수 있다(제1230조 제1항). 상속인이 복수인 경우에는 각 유류분 권리자는 상속분의 비율에 따라서 유류분을 받을 수 있다(제2항). 한편 유류분 권리자 및 그 승계인은 유류분을 유지하는데 필요한 한도에서 유류분 감쇄의 대상으로 되는 재산(예컨대, 유증, 유언에 의한 상속분의 지정, 특별수익, 상속개시 전 1년 동안에 이루어진 증여 등) 또는 이익을 얻은 자에 대하여 그 감쇄를 청구할 수 있는 바(제1235조), 그 감쇄는 민법에 정한 일정한 순서에 의해 이루어진다(그 구체적 내용은 제1236조 내지 제1244조).

상속인은 상속개시를 안 날로부터 일정기간 이내에 그 상속을 승인 또는 포기할 수 있으며, 이에 대해서는 제5장에 규정되어 있다. 승인 포기의 기간은 우리와 마찬가지로 3개월이다. 상속인은 피상속인의 권리의무를 무한으로 승계하거나(단순승인, 제1254조), 상속에 의해 얻은 재산의 한도에서만 승인할 수 있다(한정승인, 제1256조). 한편 상속의 포기는 그 취지를 법원에 신청하여야 한다(제1260조).

유산분할에 있어서는 배우자에게 우선권이 인정된다. 즉 배우자가 상속인으로 되는 경우에 혼인 중에 피상속인과 공유로 취득한 재산이 있는 때에는 배우자는 유산분할에 있어서 그 상속분에 달할 때까지 그 재산에 관한 피상속인의 공유지분을 다른 공동상속인에 우선해서 취득할 수 있다(제1268조). 각 공동상속인은 다른 공동상속인에 대하여 매도인과 마찬가지로 그 상속분에 상응한 담보책임을 진다(제1276조).

상속인이 있는 지가 명확하지 않은 때에는 상속재산은 이것을 법인으로 하며(제1290조), 법원은 이해관계인 등의 청구에 의하여 관리인을 선임하여야 한다(제1291조). 법원이 관리인 선임을 공고한 후 2개월이 될 때까지도 상속인의 존재 여부가 여전히 불명확한 경우 관리인은 지체없이 모든 상속채권자 및 유증받은 자에 대하여 일정한 기간 내에 그 채권 또는 수증을 신고할 것을 공고하고, 그 신청을 최고하여야 한다(제1296조). 상속인의 존재가 후에 분명하게 된 경우 상속재산법인은 처음부터 존재하지 않았던 것으로 간주되나 관리인이 그 권한 내에서 한 행위의 효력에는 영향이 없다(제1294조).

IX. 제9편 최종조항

제9편 최종조항은 제1305조 하나의 조문으로 되어있다. 제1305조에 따르면 캄보디아 민법은 별도의 법률로 정한 날로부터 적용되며, 민법의 적용에 관하여 필요한 사항 및 경과조치도 별도의 법률로 정하는 것으로 되어 있다. 이 법률이 앞서 언급한「민법의 적용에 관한 법률(안)」이다.

제6장 캄보디아의 기업법

제1절 개관

기업 · 회사법제와 관련하여, 캄보디아 국회는 2005년 4월「캄보디아기업법(Law on Commercial Enterprises)」을 마련하여 같은 해 9월에 시행하였다. 캄보디아기업법은 이미 1995년에 제정된「상업규칙 및 상업등기에 관한 법률(Law on Commercial Rules and Register)」에 기초를 두고 있다. 캄보디아기업법은 기업활동 및 캄보디아 내에서의 사업을 실행하는 기업가들을 규율하는 법으로서,[1)] 부분적으로는 대륙법과 영미법 전통을 모두 가지고 있는 캐나다기업법 모델에 기초를 두고 있지만 전체적으로는 미국, 영국, 싱가포르, 호주, 홍콩 등과 같은

1) 현재 캄보디아 기업관계법에는 2005년 캄보디아기업법(Law on Commercial Enterprises) 이외에도 Commercial Code (1950), Law on Commercial Rules and Registers (1995&1999), Law on Management of Quality and Safety of Products and Services (2000), Law concerning Marks, Trade Name and Acts of Unfair Competition (2002), Law on Commercial Arbitration (2006), Law on Insolvency (2007), Law on Secured Transactions (2007) 등이 있다[Asian Development Bank, "Economic trend and prospects in developing Asia", Asian Development Outlook 2010 Update, 2010, p. 200].

영어권 국가들의 기업법과 유사한 부분이 많다고 평가된다.[2)]

제2절 기업법 조항의 구성과 기업의 종류

I. 구성

캄보디아기업법의 구성

제 1 장 총칙(제1조-제7조) 제 2 장 일반조합기업(제8조-제84조) 제 3 장 비공개회사와 공개회사(제85조-제269조) 제 4 장 외국기업(제270조-제286조) 제 5 장 대표소송(제287조-제289조) 제 6 장 위법행위, 벌칙, 구제수단(제290조-제299조) 제 7 장 과도기적 규정(제300조-제302조) 제 8 장 최종규정(제303조-제304조)

캄보디아기업법은 총 8장 304조로 구성되어 있다. 제1장에서는 범위, 정의 등기대리인과 등기사무소 등에 관하여 정하고 있으며, 제2장에서는 일반조합에 관하여 규정하면서, 조합원간의 관계, 조합과 제3자간의 관계, 조합원의 책임, 조합의 해산과 청산에 관하여 정하고 있다. 제3장에서는 사적유한회사와 공개유한회사의 설립과 지배구조, 해산과 청산에 관하여, 제4장에서는 외국기업에 관하여 규정하고 있다. 제5장에서는 대표소송, 제6장에서는 위법행위, 벌칙, 구제수단에 관하여 정하고 있다. 그 밖에 제7장에서는 과도기적

2) United States Agency for International Development, (2007), Southeast Asia Commercial Law & Institutional Reform and Trade Diagnostics –Cambodia, p. 10.

규정을, 제8장에서는 최종규정을 두고 있다.[3)]

2005년에 개정된 캄보디아기업법은 회사설립절차를 간소화하였고, 투자자보호 및 국내외의 투자를 장려하기 위하여 많은 국제적 기준들을 따라 기업지배구조 규칙들을 규정하였다.

특히 기업지배구조에 있어서는 선진시장경제 국가들의 국제적 기준을 따르고자 하는 내용들이 캄보디아기업법에서 다수 발견되었다. 예를 들어, 이사와 임원들에 대한 주의의무에 관한 규정(캄보디아기업법 제289조), 이사의 불법행위에 대항하여 회사의 이름으로 투자자에 의해 제기할 수 있는 대표소송에 관한 규정(제287~제288조), 이사회에 대한 세부 규정들(제116조~제137조), 주주총회, 의결권, 대리행사 기타 투자자 보호관련 세부 규정(제205~제223조) 등이 있다. 이러한 규정들은 현재 캄보디아 내에서 주를 이루고 있는 비공개회사의 주주 및 투자자의 보호에 유용한 규정들이기는 하다. 그러나 공개회사의 부재 및 기업법의 실효성을 담보해 주는 사법제도의 안정성에 대한 문제점 등 캄보디아의 현 상황을 고려해 볼 때 현실과는 다소 괴리가 있는 규정이라고 할 수 있다.

또한 지배구조와 관련된 규정에는 투명성 확보 및 새로운 투자 장려에 걸림돌이 되는 내용들이 포함되어 있다. 예를 들어, 1주 1의결권 원칙을 따르지 않는 규정이나 선출 시기가 다른 이사로 구성된 임기별 이사회를 허용함으로써 주주의 이사 감독에 대한 기회를 감소시키는 규정 등이 있다. 또한 회사와 이사 사이에 이루어지는 이사의 자기거래의 승인에 대한 강력한 규제를 두고 있지 않는 것도 법리적인 비판이 가능하고 개선방안을 모색할 필요가 있다고 본다.[4)]

---

3) 캄보디아 기업법을 포함한 투자법령에 관한 보다 자세한 내용은, 정용상 외4, 『ASEAN투자법령 해설서 II- 라오스, 캄보디아, 미얀마』, 한국법제연구원, 2013. 11을 참조할 것.

4) 김봉철 · 이준표, 「캄보디아 기업법상 회사지배구조의 특징」, 『동남아연구』 제21권 제2호, 동남아연구소, 2011. 9, 130면.

II. 기업의 형태

캄보디아기업법은 캄보디아에서 사업활동을 하는 조합과 회사에 대하여 규율하고 있다. 캄보디아기업법상 인정되는 기업의 종류로는 일반조합, 유한책임조합, 사적유한회사, 공개유한회사가 있다(제1조).

캄보디아기업법상 조합은 일반조합과 유한책임조합으로 나누어진다. 일반조합(General Partnerships)이란, 이익을 목적으로 공동으로 사업을 수행하기 위하여 상호간의 재산, 지식 또는 활동을 결합하는 2인 이상 사이에 맺어진 계약으로 이루어진 기업을 말한다(제8조).

유한책임조합(Limited Partnerships)이란, 운영을 인가받은 1인 이상의 사원과 자본출자의 한도 내에서 유한책임을 지는 1인 이상의 유한책임사원 사이에 맺어진 계약으로 이루어진 기업을 말한다(제64조).

캄보디아기업법상 조합은 일반조합과 유한책임조합 모두 조합계약을 체결하고 「상업규칙 및 상업등기에 관한 법률」에 따라 설립등기를 함으로써 법인격을 취득하게 된다(제12조).

캄보디아기업법상 회사는 사적유한회사와 공개유한회사로 구분된다. 사적유한회사(Private Limited Company)란, 사원의 수가 2~30명으로 제한되며, 원칙적으로 주식을 일반에 공모할 수 없고 다른 주주, 가족, 회사의 임원 등에 사모형식으로 발행되는 유한회사의 한 형태를 말한다. 사원의 수가 1명인 경우에는 1인 유한회사를 설립할 수 있다(제86조). 사적유한회사는 우리 상법상 주식회사보다는 유한회사의 형태에 가까우며, 소규모 · 폐쇄적 형태의 기업에 적합하다고 할 것이다.[5] 반면에 공개유한회사(Public Limited Company)란, 기업공

5) 캄보디아에서는 사적유한회사가 대중을 이루고 있는데, 이는 기업의 실질적 주인인 대주주가 기업을 일반에 공개하기보다는 소규모, 폐쇄적인 기업으로 유지하는 것을 선호

개를 전제로 하는 유한회사의 한 형태를 말한다(제89조). 주주의 수에 제한이 없고, 주식공모가 가능하다는 점이 사적유한회사와 가장 큰 차이점이다. 이는 우리나라의 주식회사와 유사하며, 기업공개를 전제로 하는 회사라는 점에서 최근 설립된 캄보디아 증권거래소에 상장되는 상장회사의 기본적인 회사형태가 될 것이다.

캄보디아기업법은 외국기업에 대하여도 규정하고 있다(제270조-제286조). 외국기업(A foreign business)이란, 영업소가 속한 외국의 법률에 의하여 설립되어 캄보디아에서 사업 활동을 하고 있는 법인을 말한다(제87조). 캄보디아기업법상 외국기업은 상업대표사무소 내지 지사를 설립할 수 있다(제274조). 외국기업은 외국인 내지 외국법인에게 금지된 행위를 제외하고 국내회사와 동일하게 정기적으로 상품을 구매하거나 판매할 수 있으며 있으며 용역을 수행할 수 있고 제조, 가공 및 건설에 종사할 수 있다(제278조).

하기 때문이다[주캄보디아대사관,(2010),『캄보디아 통상투자 법률가이드 북』, 서울: 주캄보디아대사관, 11면].

제3절 캄보디아기업법상 회사의 설립

I. 발기인

캄보디아도 기업법상 회사설립에 있어서 발기인 제도를 두고 있다.[6] 다만 발기인의 수에서, 비공개회사는 원칙적으로 2명 이상 30명 이하로 제한을 두고 있으며 1인 비공개회사도 가능하다. 공개회사의 경우는 1인 이상이라면 발기인의 수나 자격에는 제한이 없다(제86조). 발기인의 직무권한은 회사 설립일로부터 첫 창립총회가 개최될 때까지 유지된다(제116조).

II. 상호선정

캄보디아에서 회사의 설립절차 중 먼저 해야 할 일은 상호를 선정하는 것이다. 상호는 '크메르어'로 표시하는 것이 원칙이며, 그러한 크메르어 상호는 맨 위에 표시되고 다른 언어의 명칭보다도 표시된 크기가 커야한다. 회사는 모든 날인, 회사 편지지, 공개목적을 위해 사용되는 양식과 서류, 그리고 캄보디아 영토 내의 육 · 해 · 공에 전시되는 광고물에 크메르 상호를 표시하여야 한다. 다만, 캄보디아 밖에서는 다른 언어로 명칭을 고안하여 사용할 수 있다(제5조).

상호선정에서, 비공개회사는 상호 끝에 "비공개회사" 또는 적절

---

6) 캄보디아기업법 제259조에서는 캄보디아 상무부 상업등록부서(the Commercial Registration Department)를 두도록 하여 회사등기를 포함한 회사설립관련 업무를 담당하도록 하고 있다. 또한 캄보디아기업법은 기본정관에 필요한 기재사항에 대하여 분명하고 객관적으로 특정하고 있고(제93조), 정관 제출 후 설립증명서를 발급받으면(제97조), 회사는 설립증명서에 기재된 날로 부터 법인격을 취득하게 된다고 명시하고 있다(제98조).

한 약어를 포함시켜야 하며, 공개회사는 상호 끝에 "공개회사" 또는 적절한 약어를 포함시켜야 한다. 상무부 법인국장[7]은 회사에 의해 제안된 상호를 조사하여야 하며, 상호가 기존에 등록된 상호와 유사하여 혼동을 줄 수 있는 경우, 공공질서에 반하거나 비속적 · 비방적이어서 사용하기 부적절한 경우에는 해당 상호의 등록을 거절할 수 있다. 회사의 상호와 관련하여 상무부 법인국장의 결정은 구속력이 있는 최종결정이다(제92조).

III. 정관의 작성

캄보디아기업법은 영미법과 같이 정관을 기본정관(Memorandum of Association)과 부속정관(Bylaws)[8]으로 구분하고 있다. 기본정관에는 회사의 상호, 캄보디아 내에 있는 회사의 등기된 사무소, 회사의 목적[9]과 사업상 제한규정[10], 국가통화로 표시된 수권자본, 주식의 종류와 발행 수 그리고 회사가 발행하는 주식의 액면가, 회사가 1개 종류를 초과하는 주식을 발행하는 경우, 각 종류 주식의 최대주식 수 · 액면가 등을 기재하여야 하고 각 종류주식과 관련된 권리 · 특권 · 제한 · 조건 등을 기재하여야 한다. 또한 종류주식이 연속으로

7) 법인국장(Director of Companies)은 상무부 장관에 의해 임명된 자로서, 캄보디아기업법 제3편 제2장 제13절(제259조~제269조)에서는 법인국장의 권한과 의무에 대하여 자세히 규정하고 있다.

8) 캄보디아기업법은 회사의 사업이나 업무를 규율하는 부속정관 내지 내규의 채택을 인정하고 있다. 다만, 회사 또는 회사의 이사들에게 특별한 권한을 부여하기 위한 부속정관의 채택은 제한하고 있다(제102조).

9) 회사의 목적에는 법률에 반하지 않는 1개 이상의 사업종목을 포함시킬 수 있다(제93조 3호).

10) 회사는 기본정관에 의해 제한되는 어떤 권한 혹은 사업을 할 수 없으며, 정관에 반하는 회사의 권한을 행사할 수 없다(제103조).

발행되는 경우, 정관에 의하여 이사에게 각각의 주식수를 고정하고 지정할 수 있는 권한 및 각 종류주식과 관련된 권리 · 특권 · 제한 · 조건 등을 결정할 수 있는 권한을 부여하여야 한다. 이 밖에 주식의 발행, 양도 또는 소유가 제한되는 경우, 그 제한에 관한 효력과 목적이 기재되어야 하며, 각 사원의 성명과 주소, 이사의 수 등을 기재하여야 한다(제93조). 기본정관에는 필요한 규정을 추가로 포함시킬 수 있다(제94조).

정관에는 모든 발기인의 서명이 있어야 하며(제95조), 정관을 제출할 때에는 회사 설립과 관련된 기타 등록서류들도 함께 상무부 법인국장에게 제출하여야 한다(제96조). 유한회사는 언제든지 특별결의로써 회사정관을 수정할 수 있는데(제235조, 제236조), 정관의 개정과 관련된 모든 서류에는 주주들이 승인한 개정사항에 날짜를 기재하고 이사회 의장 또는 의장이 승인한 이사가 서명하여야 한다. 개정을 승인하는 특별결의와 함께 모든 개정내용을 기재한 정관은 개정이 승인된 날로부터 15일 이내에 상무부에 제출되어야 한다(제239조). 상무부의 법인국장은 개정된 정관을 수령한 즉시 수정증명서를 발급해 주여야 하며 개정증명서에 표시된 날짜로부터 개정의 효력이 발생한다(제240조).

그러나 실무상 비공개회사의 경우에는 캄보디아 상무부에서 사용하는 표준정관만이 인정된다. 또한 주주, 회사의 주소, 의사 · 의결정족수 등 기본적인 사항을 제외하고는 변경이 허용되지 않는 반면에 공개회사의 경우, 새로이 정관을 제정하여 캄보디아 상무부의 승인을 얻으면 이를 사용할 수 있다.[11]

11) 법무부, 『Investment & Business Guide- 캄보디아 회사 · 세무 · 투자』, 2010. 10, 11면.

IV. 법인격

법인격과 관련하여 캄보디아의 회사는 1인 이상의 자연인 또는 법인이 상무부 법인국장에게 정관을 신고함으로써 설립된다(제91조). 캄보디아기업법상 회사가 기본정관을 제출하면 상무부 법인국장은 이를 접수하고 등록비를 징수한다. 그리고 제출된 서류를 검토하여 문제가 없으면 설립증명서를 발급해 주어야 한다(제97조). 설립증명서가 발급되면 회사는 설립증명서에 나타난 일자에 법인격을 취득하게 된다(제98조).

V. 설립관여자의 책임

캄보디아기업법상 회사설립관여자의 책임에 대해서는 구체적으로 규정되어 있지 않다. 다만, 회사 설립 전에 체결된 계약과 관련하여, 회사가 설립되기 전에 회사를 위하여 또는 회사 명의로 서면계약을 체결하는 자는 그 계약에 대하여 개인적으로 구속되며 그에 대한 이익도 누릴 수 있다(제139조 제1항). 그리고 회사가 설립된 후 합당한 기간 내에 회사는 회사를 위해서 또는 회사 명의로 회사가 존재하기 전에 체결된 서면계약을 받아들일 수 있다. 회사를 위해서 또는 회사 명의로 행동하였다고 주장하는 사람은 법원이 달리 명령하지 않는 한 계약의 구속을 받지 않으며 계약상의 이익을 누릴 수 없다(제139조 제4항).

제4절 캄보디아기업법상 지배구조

I. 기관의 구성

기업지배구조의 유형을 분류하는 방법에는 여러 가지가 있다. 그 한 방법으로 미국 및 영국의 '앵글로 색슨 모델'과 독일을 비롯한 유럽대륙 국가들의 '유럽모델'로 구분하기도 한다. 앵글로 색슨 모델은 주주중심의 외부자 체제로, 분산된 소유가 특징이고 주주들이 경영에 관여하는 정도가 상대적으로 약하다. 유럽모델은 주주뿐 아니라 채권금융기관과 노동자를 포함한 이해관계자 중심의 내부자 체제로, 핵심적 소유자가 경영에 참여하고 다른 이해관계자들 역시 내부 통제시스템 내에서 참여가 가능하여 직·간접적으로 경영자에 대한 견제가 가능하다.[12] 1990년대 들어 금융산업의 세계화가 진전되고 미국의 생산성이 빠르게 상승하면서 앵글로 색슨 모델이 국제적인 표준으로 인식되기 시작했다.[13]

우리 상법도 미국의 영향을 받아 기업경영의 합리화를 위하여 주주총회 중심주의에서 이사회 중심주의로 전환하고, 주주총회의 권한을 상법 또는 정관에 규정된 사항에 국한되는 것으로 하고 있다. 즉 소유와 경영의 분리를 지향하여 주주총회의 권한을 축소하고 이사회의 권한을 강화하였다.[14] 나아가 감사의 업무감사권을 부활시키면서 업무감사를 위하여 필요한 권한을 보강하는 등 감사의 권한도 강화하였다. 또한 최근 상법개정의 동향을 살펴보면, 상당부분

12) 홍종학,「미국과 영국의 기업집단 개혁과 시사점」,『한국경제연구』, 제21권, 2008, 134면.

13) 이세인,「미국기업지배구조의 시대적 변천」,『법학논총』, 제30권 제2호, 2010, 199면.

14) 이철송,『회사법』, 제17판, 박영사, 2010, 396면.

회사의 지배구조제도의 개선에 관련된 것이었다. 구체적으로 이사와 회사간 자기거래의 범위 확대, 회사의 사업기회 유용금지, 이사의 회사에 대한 책임감면, 집행임원제도 도입, 감사제도의 개선 등을 그 내용이다.

캄보디아의 경우도 회사의 기관에 있어 크게 이사회, 주주총회, 감사로 구성된다는 점에서 우리 상법과 유사하다. 아래에서는 사적유한회사와 공개유한회사의 지배구조의 특징을 캄보디아기업법상의 규성들을 중심으로 우리 회사법제와 비교하여 살펴본다.

II. 이사

1. 이사의 자격, 선임 및 종임

캄보디아의 경우 정관에 다른 자격제한을 두고 있지 않는 한 18세 이상의 법적 능력을 보유한 자연인은 누구든지 회사의 이사 또는 임원이 될 수 있다(제120조). 다만 「공무원의 지위에 관한 법률」 제35조에 따르면 공무원은 회사의 이사가 될 수 없다.[15)]

이사는 주주들의 보통결의로 선임된다(제121조). 정관에 기간을 정하지 않는다면 이사의 임기는 2년이며 재선임될 수 있다. 이사의 임기가 만료된 후에도 대체이사가 선임될 때까지 업무를 계속할 수도 있다(제126조). 이사들의 임기는 동시에 끝나지 않도록 엇갈리게 할 수 있다(제122조). 이사는 이사를 선임할 수 있는 주주의 과반수의 결의로 그 원인 여부와는 관계없이 해임될 수 있다(제124조). 이사는 회사에 서면통지로 언제든지 사임할 수 있다. 사임은 즉시 또는 통지

---

15) Ministry of Commerce · ADB, A Handbook on Commercial Registration, 2008 p. 21.

서에 기재된 시점에서부터 효력을 발생한다. 다른 이사가 임명되기 전에 사임하는 이사는 그의 사임으로 회사에 초래되는 손해에 대해 책임을 진다(제128조).

2. 이사의 권한

이사는 원칙적으로 기관인 이사회의 구성원으로, 이사회의 회사의 업무집행에 관한 의사결정과 대표이사의 업무집행을 감독하는데 참여할 권한을 갖는 자이다. 우리캄보디아기업법상 이사는 기본정관에 따라 회사의 모든 임원을 임명하고 그들의 특정권한을 결정하며, 보수를 정할 수 있다.

구체적으로 보면, 이사는 회사의 각서, 채권, 사채와 기타 채무증서를 발급하고 그것들에 관련된 사항들을 정리하며, 주주에게 기본정관의 수정을 제한할 수 있다. 또한 이사는 이사회의 의결을 집행하고 부속정관을 수정 또는 폐지할 수 있으며, 주주에게 회사와 제3자간의 합병에 대한 합의서를 제안하고 회사의 자산 전부 또는 일부에 대한 매각을 주주에게 제안할 수 있다. 나아가 회사의 해산과 청산을 주주에게 제안하며, 정관에서 인정되는 한도에서 회사의 주식을 발행하고, 회사의 신용으로 자금을 차입하고 회사의 채무의무를 보증하며, 회사를 대표해서 보증할 권한도 있다. 또한 회사의 의무를 확보하기 위해서 회사의 자산 전부 또는 일부를 저당에 넣을 수 있다(제119조).

이사는 기본정관이나 부속정관에 따라 회사의 부서를 조직하여 임원을 임명할 수 있다. 이사는 임원의 의무를 명시하고 임원에게 회사의 업무를 처리하는 권한을 위임할 수 있다. 이사는 회사의 어느 부서에 임명될 수 있으며, 1인이 2개 이상의 부서를 관장할 수 있다(제138조).

3. 이사의 의무와 책임

캄보디아기업법상 이사의 의무와 관련하여, 자신의 권한을 행사하고 의무를 수행하는 모든 이사는 회사의 최대이익의 관점에서 성실하고 정직하게 행동하여야 한다고 규정하고 있으며, 일반적으로 신중한 사람이었다면 행하였을 근면성과 조심성, 숙련성을 요구하고 있다(제289조). 그러나 회사와 이사 사이에 이루어지는 이사의 자기거래 승인에 대한 강력한 규제를 두고 있지 않다.

캄보디아기업법상 금전 이외의 대가로 주식을 발행하는 것을 승인하는 결의에 의결권을 행사하거나 동의한 이사들은 의결일자에 주식이 금전으로 발행되었다면 회사가 받았어야 할 가액보다 적은 액수만큼 회사에 공동으로 책임을 부담한다. 이사가 이 사실을 몰랐거나 알 수 없었다는 것을 증명한다면 그 이사는 책임을 지지 않는다(제140조). 주식의 매입, 재취득 또는 획득, 자본의 감소 또는 이 법의 요구에 반하는 배당금의 지불을 승인하는 결의에 의결권을 행사하거나 동의한 이사들은, 분배되거나 지불된 금액을 회사에 회수시키는데 공동으로 책임을 진다(제141조).

제5편에서는 이사의 불법행위에 대항하여 회사의 이름으로 주주 내지 투자자에 의해 제기할 수 있는 대표소송(Derivative Action)[16]에 관하여 규정하고 있다. 캄보디아기업법상 대표소송을 제기하기 위하여는 주주가 회사에 피해를 가져온 거래가 발생한 기간 동안에 주주의 지위에 있어야 하며, 해당거래에 투표 내지 비준하지 않았을

16) 대표소송이란 이사, 감사, 발기인, 청산인 또는 불공정한 가격으로 주식을 인수한 자의 책임을 추궁하기 위하여 주주가 회사를 대표하여 행하는 소송을 말한다. 영미의 대표소송에서 유래된 제도이며, 대위소송이라고도 한다. 대표소송에 관한 보다 자세한 내용은, [최완진,(2008),「이중대표소송에 관한 법적고찰」,『경영법률』, 제18집 제2호; 오성근,(2010),「주주대표소송에 관한 소고 : 상법과 영국의 회사법제와의 비교를 중심으로」,『상사법연구』, 제29권 제2호 통권 제67호]를 참고할 것.

것을 요건으로 하고 있다(제287조). 대표소송의 결과 얻어진 이익은 전부 회사에 귀속되고, 원고주주는 소송비용상환 외에는 아무런 직접적 이익을 얻을 수 없다(제288조). 이러한 대표소송에 관한 규정은 선진시장경제 국가들의 국제적 기준을 따른 것으로 평가받을 수 있다. 그러나 캄보디아기업법에서 대표소송에 관한 규정은 구체적이지 못해 실효성에 의문이 든다. 실제 이 규정에 근거한 소송제기는 물론 관련 판례도 찾아보기 어렵다는 점에서 실제 이행되기까지는 많은 시간이 걸릴 것으로 예상된다.

III. 이사회

1. 이사회의 구성

이사회란 회사의 업무집행에 관한 의사결정을 위해 전원의 이사로 구성되는 주식회사의 필요적 상설기관을 말한다. 캄보디아기업법상 사적유한회사는 1인 이상의 이사를 두어야 하며, 공개유한회사는 3인 이상의 이사를 두어야 한다(제118조). 이사회는 이사들 중에서 이사회 의장을 선출하여야 한다. 이사회 의장은 이사의 과반수 결의로 해임될 수 있지만, 이사로서의 직무는 유지할 수 있다(제127조).

주식회사의 업무집행은 소유와 경영의 분리의 관점에서 회사의 구성원인 주주나 주주총회와는 별도로 조직된 기관에 의하여 행하여지는 것이 원칙이다. 우리 상법의 경우 주식회사의 업무집행은 원칙적으로 이사회와 대표이사의 2개 기관의 권한에 속한다. 캄보디아의 경우도 회사의 업무집행은 이사회에 맡겨지고 있다는 점에서 우리와 같다고 할 것이다. 다만, 캄보디아기업법에서는 이사회의 감독 아래 업무집행을 실행하는 행위는 이사회에서 선임되는 임원(officers)이 담당한다. 여기서 임원은 반드시 이사이어야 하는 것이 아닌 점에서 우리나라 상법상의 대표이사와 다르다.

2. 이사회의 소집

캄보디아기업법상에는 대표이사에 대한 개념이 없으며, 다만 이사회 의장이 이사회를 소집할 권한을 가진다. 캄보디아기업법상 이사회 의장은 이사회를 소집하는 등 일정한 권한 외에 업무집행 등에 대한 권한이 없다.[17] 이사회는 총 이사의 3분의 2의 결의로 소집되는데, 정관에 다른 정함이 없는 한 이사회는 캄보디아 내에서 시행되어야 하며, 3개월에 1회 이상 개최되어야 한다(제128조).

3. 이사회의 결의

결의방법과 관련하여, 이사회는 회사의 경영에 관한 실무적인 문제를 다루므로 여러 가지 변환이 가능한 의안을 놓고 상호의견을 교환함으로써 최적의 결론을 내야 하는 집단적 의사결정의 방식을 취하여야 한다. 따라서 이사들의 구체적 회합을 요하며, 서면결의는 인정되지 않는다는 것이 통설이다.[18]

캄보디아의 경우, 이사회 결의방법과 관련하여 정관에 다른 정함이 없는 한 이사들은 서면으로 의사를 전달할 수 있다. 이사 각자는

17) 법무부,『Investment & Business Guide- 캄보디아 회사 · 세무 · 투자』, 2000, 14면.

18) 김동훈,『회사법』, 한국외국어대학교 출판부, 2010, 304면; 이철송, 앞의 책, 564면; 최기원, 앞의 책, 606면; 이사회결의를 서면으로 하였을 때 그 효력에 관하여, 서면결의라 해서 부존재라고까지 볼 수는 없다고 설시한 판례가 있다(대법원 2006.11.10, 선고 2005다46233 판결).

검토, 채택, 배경정보에 관한 내용물과 사안에 대한 찬반투표용지를 받는데, 모든 이사가 그 사안을 승인한다면, 그것은 이사회의 승인으로 추정된다. 모든 서면응답은 이사회의 기록물의 일부가 된다. 비서는 서면보고서를 준비하고 이사들에게 배부하여야 한다(제130조). 이사는 1개의 의결권을 가지며, 다른 이사의 대리인이 될 수 있다. 다만 이 때, 서면으로 그 권한을 위임받아야 한다(제132조). 캄보디아회사법에서는 결의방법에 있어서 한국만큼 융통성 있는 규정을 두고 있지 않다.

IV. 주주총회

1. 주주총회의 장소

주주총회는 정관의 규정이나 이사의 결정을 따라 캄보디아 내에서 개최되어야 한다. 주주총회는 의결권을 가진 총 주주가 동의를 하는 경우 캄보디아 밖에서 개최될 수도 있다(제205조).

2. 주주총회의 소집

1) 소집권자

캄보디아기업법상 주주총회의 소집권자는 원칙적으로 이사이다. 회사의 이사는 회사 설립 후 12개월 내에 연례정기총회를 소집하여야 하며, 언제든지 임시총회를 소집할 수 있다(제206조). 캄보디아기업법상 이사 이외에 주주도 요청서에 기재한 목적을 위하여 이사로 하여금 주주총회를 소집하도록 요청할 수 있다. 이 요청은 총회에서 의결권을 행사할 수 있는 발행주식의 51% 이상을 보유한 주주에 의하여 이루어져야 한다는 점에서 소수주주의 주주총회 소집권은 인정되지 않는다. 해당 요청서에는 1인 이상의 주주의 서명이 있어야 하며, 정기총회에서 집행해야 할 사업을 기재하고 각 이사 및 회사의 등기사무소에 송부되어야 한다. 요청서를 접수한 즉시 이사는 그 요청서에 기재된 사업을 집행하기 위하여 주주총회를 소집하여야 하며, 이사가 요청서를 접수한 후 21일 내에 회의를 소집하지 않는다면 그 요청서에 서명한 주주가 회의를 소집할 수 있다. 주주들이 소집한 회의에서 주주들이 의결을 하지 않는다면 회사는 총회를 요구 · 소집 · 개최하여 합리적으로 발생된 비용을 주주들에게 지불하여야 한다(제207조).

또한 정관이나 본 법에 명시된 방법으로 주주총회를 소집 또는 진행하는 것이 현실적이지 않은 경우, 의결권이 있는 주주나 이사가 법원으로 하여금 적절하다고 간주되는 방법으로 주주총회가 개최될 수 있게 명령하도록 신청할 수 있다. 법원은 정관이나 본 법에서 요구하는 정족수에 대하여 변경 또는 면제를 명할 수 있다(제208조).

2) 소집통지

주주총회의 통지는 총회일 전 20일에서 50일 이내에 서면으로 모든 주주, 이사, 감사에게 이루어져야 하며, 주주총회의 통지서에는 총회 일자, 안건, 장소가 기재되어야 한다. 특별한 사업이 주주총회에서 논의되어야 하는 때에는 주주가 합리적인 판단을 내릴 수 있도록 상세하게 그 사업의 성격을 설명하는 문서와 주주총회에 제출될 특별결의에 대한 설명서가 제출되어야 한다. 통지를 받지 않았다고 해서 주주총회의 의결권을 박탈당하지는 않으며, 주주총회가 30일 이하 동안 연기되는 경우 연기된 주주총회에 대한 통지는 필요하지 않다(제214조).

3. 주주총회의 의결권 행사 및 결의절차

1) 주주제안권

캄보디아기업법상 정기주주총회에서 의결권 있는 주주는 총회에서 제안하고자 하는 안건을 회사에 제출할 수 있으며, 주주제안에 적당하다고 판단되는 기타 사안들을 주주총회에서 논의할 수 있다(제216조). 즉 주주제안권을 인정하고 있는 것이다. 주주제안권이란 주주가 일정한 사항을 주주총회의 목적사항으로 할 것을 제안할 수 있는 권리를 말하는데, 캄보디아회사법은 의결권 있는 주주라고만 명시함으로써 개개의 주주에 대하여 주주제안권을 인정하고 있다.

2) 정족수

주주총회의 결의는 주주들의 표결을 통해 형성된 주주총회의 의사표시이다. 결의는 사단적 법률행위이므로 의사형성과정에 다수결의 원리가 지배하는데, 의안의 중요도에 따라 그 요건을 달리한다.

캄보디아기업법의 경우에는 회사정관에 다른 정함이 없는 한, 주주총회의 정족수는 직접 또는 대리인에 의해 참가한 의결권 있는 주주의 과반수가 필요하다. 정족수가 주주총회 개시의 시점에 충족되면 참가주주는 주주총회를 진행시킬 수 있다. 정족수가 주주총회 개시의 시점에 존재하지 않는다면 참가주주는 정한 시기와 장소로 회의를 연기할 수 있다. 그러나 기타 다른 업무를 집행할 수 없다(제218조).

3) 의결권

의결권이란 주주가 주주총회에 출석하여 결의에 참가할 수 있는 권리이다. 캄보디아기업법상 의결권을 가진 모든 주주나 그의 대리인은 주주총회에 참가하여 투표할 권리를 가진다. 2인 이상이 주식을 공동으로 보유하고 있는 경우에는 주주총회에 참가한 공동주주 가운데 1인은 다른 주주의 부재 시에 투표할 수 있으며, 공동주주 또는 그들의 대리인이 모두 주주총회에 참가하는 경우에는 그들은 공동으로 주식 하나에 1개의 의결권을 행사하여야 한다(제218조).

4) 결의절차

캄보디아의 경우 정관에 다른 정함이 없는 한 주주의 결의에 의한 이사의 선임과 기타 사안늘의 결정은 서면 투표용지로 이루어진다(제220조). 주주총회에서 의결권 있는 총 주주에 의해 서명된 서면결의는 주주총회에서 통과된 것과 같은 효력이 있다. 주주총회에서 다루어져야 할 것으로써 주주총회에서 의결권 있는 총주주에 의하여 서명된 사안에 대한 서면결의는 주주총회와 관련된 본법의 요구를 충족하여야 한다. 주주총회를 대신하는 모든 의결서의 복사본은 주주총회 의사록에 보존되어야 한다(제221조).

캄보디아기업법에서는 주주의 만장일치합의에 대한 규정을 두고 있다. 회사의 모든 주주들 사이에서 회사의 사업과 업무를 경영하는 이사의 권한을 일부 또는 전부 제한하는 합법적 서면합의는 유효하다. 만장일치의 주주동의에 따른 주식 양수인은 그 합의에 대한 당사자로 간주되며, 만장일치의 주주동의에 대한 당사자인 주주는 그 합의가 관련된 회사의 사업과 업무를 경영하는 이사로서의 모든 권리, 권한, 의무를 가지며, 이사는 만장일치의 주주동의로 책임과 의무로부터 벗어나게 된다(제223조). 이는 주주전원의 동의로써 이사의 업무집행권한을 제한할 수 있다는 것인데, 이는 이사의 권한보다 주주의 권한이 막강하다는 것을 보여주는 것이다.[19]

---

19) 법무부, 앞의 책, 11면.

V. 감사

1. 감사의 선임과 종임

감사란 회사의 업무감사를 주된 직무로 하는 기관이다. 캄보디아의 경우, 회사의 주주는 첫 정기 주주총회와 그 이후 연례 정기주주총회에 보통결의로서 감사를 임명하여야 한다. 감사의 임기는 다른 정기주주총회의 폐회시까지이다. 후임 감사가 임명되지 않는 경우에는 임명될 때까지 그 직무를 계속하여야 한다(제229조). 감사의 보수는 주주총회의 보통결의 또는 이사회에서 결정할 수 있다(제231조).

회사가 감사를 두고 있지 않다면 법원은 주주 또는 회사의 이사들의 신청으로 감사가 주주에 의해 임명될 때까지 감사를 임명하고 그의 보수를 정할 수 있다(제233조). 다만 주식이 공개되지 않은 사적유한회사의 이사들은 감사를 임명하지 않는 결의를 채택할 수 있다(제230조).

주주는 임시주주총회의 보통결의 또는 법원의 명령에 의하여 임명된 경우를 제외하고 감사를 해임할 수 있으며, 임시주주총회에서 대체감사를 임명할 수 있다. 대체 감사는 전임자의 잔여임기동안 직무를 한다(제232조).

2. 감사의 권한과 의무

캄보디아기업법상 회사의 감사는 본 법에 의해 요구되는 재무제표에 대하여 주주에게 보고하는데 필요하다고 판단되는 조사를 수행하여야 한다. 감사의 요구가 있을 때에는, 회사의 전·현직 이사, 임원, 직원 또는 대리인은 감사가 자신의 업무를 수행하기에 필요하다고 여기는 장부와 대장을 열람할 수 있게 하고 해당 정보나 설명을 제공해 주어야 한다. 또한 회사의 감사는 모든 주주총회에 대한 통지를 받을 자격이 있고, 회사의 비용으로 주주총회에 참가하여 감사로서 관계된 사안을 경청할 자격이 있다. 의결권의 보유여부와 상관없이 어떤 주주가 주주총회 전 10일 내에 감사에게 서면 통지를 보낸다면 감사는 회사의 경비로 총회에 참석하여 감사로서의 자신의 의무와 관계되는 질문에 응답할 의무가 있다(제234조).

제5절 캄보디아기업법상 자금조달

I. 신주발행

캄보디아기업법과 정관에 따라 주식은 이사가 결정하는 사람에게 언제든지 발행될 수 있다. 이사는 발행될 주식과 증권의 가격을 결정하며 회사가 받는 금액과 가격은 각 주식의 액면가 보다 낮아서는 안된다(제146조). 이사회의 위원회도 주식을 발행할 권한을 가진다. 회사는 각 발행주식에 대하여 별도의 법정자본금을 유지하여야 한다. 회사는 회사가 발행한 주식에 대하여 회사가 수령한 금전 내지 과거의 노무제공에 대하여 자본금을 추가 하여야 한다(제149조).

캄보디아기업법은 자본금의 증자와 감자에 대하여 제한규정을 두고 있다(제150조). 회사가 자본금을 증가 또는 감소하고자 할 때에는 먼저 이에 대하여 특별결의로 승인되어야 한다. 감자와 관련하여 회사의 부채가 만기가 될 때까지 그 부채를 청산할 수 없는 경우나 회사자산의 실현가치가 부채총합보다 적은 경우에 자본금을 감자할 수 없다. 회사의 채권자가 법률의 규정에 반하여 자본의 감소를 한 후에 받은 재산이나 돈의 상환을 지시하는 명령을 내려달라고 법정에 신청할 수 없다. 캄보디아기업법상 자기주식의 취득에 대한 규정을 두고 있다(제155조).[20] 회사는 자신이 발행한 주식을 매입 내지 재매입할 수 있다. 주식을 재매입하는 경우 해당 주주는 회사에 대하여 해당 주식을 포기하여야 한다.

II. 사채발행

캄보디아기업법상 사채발행권자는 이사이다. 그리고 이사는 사채와 관련된 증서를 발급할 권한도 가진다. 다만 정관에서 정하는 한도 내에서 사채를 발행할 수 있다(제119조).

제6절 캄보디아기업법상 구조변경

캄보디아 상업기업에 대한 법규상 회사는 하나의 회사로 합병하거나 법인을 신설하는 형태로 합병할 수 있다. 소멸하는 회사는 '소멸회사' 라고 하며, 영업을 계속하는 회사는 '존속회사'라고 한다. 구성회사의 법인능력은 상무부가 존속회사의 합병증명서를 발급한 날로부터 소멸한다(제241조). 합병을 제안한 각 회사의 이사회는 합병결의안을 채택해야 한다. 정관에서 달리 정한 경우를 제외하고 결의안은 이사 과반수의 승인이 있어야 한다(제242조). 합병계약서에는

20) 캄보디아기업법상 회사는 주식의 내용이 다른 종류의 주식을 발행할 수 있도록 규정하고 있으나(제144조), 실무상 주로 사용되는 비공개회사의 표준정관에서는 모든 주주는 지분권 비율에 따라 배당을 받을 수 있는 권한이 있는 것으로 규정하고 있고, 이와 같은 내용의 정관은 변경이 허용되지 않는 것이 일반적이다[법무부, 『Investment & Business Guide- 캄보디아 회사 · 세무 · 투자』, 2010, 16면].

합병의 조건과 내용, 존속하는 회사의 정관, 소멸회사 주식의 종류와 수를 존속회사 주식의 종류와 수로 전환하는 방법, 소멸하는 회사의 주식이 존속하는 회사의 주식으로 전환되지 않는 경우 해당주주가 합병으로 받아야 하는 가액, 권리, 주권 또는 그 밖의 재산, 합병을 결의하기 전에 주주가 검토할 수 있는 정보, 합병을 위해 필요한 세부사항 및 존속기업의 관리 및 운영에 관한 세부정보 등을 기재해야 한다(제243조). 소멸회사 이사회가 합병을 결의한 후, 존속회사의 주주는 합병을 결의할 수 있는 주주들에게 주주총회의 소집통지를 발송해야 한다. 통지에는 합병결의를 한 후 30일 이내에 소멸회사의 이사회는 합병을 승인하기 위해 주주총회를 소집해야 함을 알리고, 합병결의안의 사본이 첨부되어야 한다. 각 회사는 20일 전에 주주총회의 소집을 공고해야 한다(제242조). 합병은 각 소멸회사 주주의 3분의 2 이상의 특별결의로 하여야 한다(제245조). 회사의 정관에서 특정종류주식은 의결권이 없음을 명시한 경우에도 해당 종류주식은 종류주식의 권리 특권 및 제한을 직접 또는 간접적으로 변경하는 제안된 합병결의에 대해 특정종류주식과는 별도로 항상 결의할 수 있다. 여기서 정한 의결권은 회사정관 또는 기타의 방식으로 제한되거나 변경될 수 없다(제246조).

존속회사의 이사는 상무부에 합병계약서, 합병결정에 대한 각 회사의 주주 및 이사회의결의안, 존속회사의 정관, 상무부의 회사관리책임자의 요구에 따라 만든 소멸회사의 이사나 관리자의 선언문의 서류를 제출해야 한다. 소멸회사와 각종사업을 맡은 존속회사는 변제능력이 있어야 하며, 영업을 맡은 존속회사의 총 자본은 자신의 총 부채나 소멸회사의 등록된 자본보다 적으면 안 된다. 합병은 채권자의 권리를 침해하지 않아야 하며, 소멸회사의 채권자에게 적절한 서면통지를 하였으며 어떤 채권자도 합병에 대해 이의를 제기하지 않아야 한다(제247조).

합병에 관한 정관을 수령한 경우 상무부는 합병증명서를 발급해야 한다. 합병증명서에 명시된 날짜에 각 회사의 합병과 합병된 회사로서의 효력이 발생하며, 각 소멸회사의 자산은 존속회사의 자산으로 귀속된다. 소멸회사의 의무와 책임은 존속회사에 승계한다. 최초 회사와 관련된 민형사상의 문제는 사업을 맡은 새 회사에게 여전히 유효하다. 이 때, 회사합병의 정관은 존속회사의 사업을 위한 정관으로 본다. 회사합병확인증명서는 사업을 맡은 존속회사의 증명서로 본다(제248조).

회사합병에서 소멸회사의 주주는 소멸회사에서 자신의 주가에 대한 평가를 요구할 수 있다. 그러나 주가에 대한 평가를 위하여 주주는 회사합병을 결의하기 전에 소멸회사의 주식을 소유하여야 하며, 투표 시 회사합병을 지지하는 투표를 할 수 없다. 주주는 상무부에 합병정관이 제출된 후 서면으로 존속하는 회사에 청구해야 한다. 주주는 평가를 요구하는 경우 자신의 주권을 존속회사에 인도하여야 한다(제249조). 주식가액의 평가를 요구한 경우 존속회사와 주주는 90일 동안 공정한 가액을 산정하기 위해 협의하여야 한다. 공정한 가격은 모든 관련사정을 참작해서 결정하여야 한다. 다만 합병을 통해 정한 가액은 제외된다. 소멸회사의 정관 또는 합병계약서에 평가와 관련된 분쟁은 중재에 의하는 것으로 정할 수 있으며, 당사자가 공정한 가격에 합의하지 못한 경우, 관할법원에서 해당가격을 결정하며 주주는 법원에서 결정한 금액을 받아야 한다(제250조).

제7절 캄보디아기업법상 회사의 해산

캄보디아기업법상 회사의 해산은 회사의 법인격의 소멸을 가져오는 원인으로 회사의 소멸을 위한 절차의 시작이다. 회사는 해산 결정 후 청산절차를 거쳐, 상무부 법인국장에게 제출한 해산증명서에 명시된 날에 소멸된다. 캄보디아기업법은 제251조부터 제258조까지 회사의 해산과 청산에 관하여 규정하고 있다.

캄보디아기업법상 회사의 해산절차에는 세 가지 유형이 있다. 첫째, 주식을 발행하지 않은 회사는 모든 이사의 동의로 언제든지 해산할 수 있다. 둘째, 자산과 채무가 없는 회사는 주주총회의 특별결의로 해산할 수 있다. 셋째, 자산이나 채무가 있더라도 회사가 상무부 법인국장에게 해산에 관한 결의서[21)]를 보내기 전에 자산을 분배하고 채무를 정리하는 경우에는 주주총회의 특별결의로 해산할 수 있다(제251조).

이사 또는 정기총회에서 의결권이 있는 주주는 회사의 자발적 해산을 발의할 수 있다(제252조). 이 규정은 파산법에 따라 그 파산절차가 법원에 계속중인 회사에는 적용되지 않는다.

회사가 해산에 대한 의결을 승인한 후에는 상무부 법인국장에게 규정된 양식의 해산의향서를 송부하여야 하며, 법인국장은 해산의향서를 받은 즉시 해산의향확인서를 발행하여 해당회사에 송부한다. 해산의향확인서를 발행받은 즉시 청산에 필요한 범위를 제외하고 회사의 업무와 영업은 정지되지만 회사의 법인격은 상무부 법인

21) 캄보디아기업법상 해산과 청산에 대한 의결이 승인된 후, 회사는 상무부 법인국장에게 규정된 양식으로 해산에 관한 결의서를 송부하여야 한다. 이를 해산의향서라고도 하는데, 법인국장은 이것을 받은 즉시 해산의향확인서를 발행하게 된다(제253조).

국장이 해산확인서를 발행할 때까지 계속 존재한다(제253조).

청산이 종결된 후 회사는 해산신고서를 상무부 법인국장에게 송부한다. 해산신고서를 받은 즉시 상무부 법인국장은 해산증명서를 발행하게 되고 회사는 해산증명서에 나타난 일자에 소멸하게 된다(제257조).

제7장 결론

지금까지 캄보디아 국가 전반의 개황을 소개하고 헌법, 민법, 형법, 기업법 등 캄보디아 기본법에 관한 개략적인 내용을 살펴보았다. 캄보디아는 UN의 지원 하에 국가 재건에 나서 1993년 역사적인 총선거를 거쳐 의회를 구성하고 새로운 헌법을 제정함으로써 자유민주주의와 시장경제를 추구하는 입헌군주국으로 거듭났다. 여전히 캄보디아의 민주주의에 대한 안정적인 적응은 시간이 필요할 것이라는 평가가 있으나, 적어도 법제체계 자체만으로는 이를 위한 기본적인 환경이 조성되었다.

현재 캄보디아는 국가 발전을 위해 외국인 투자를 적극적으로 유치하고자 노력하고 있으며, 이를 위한 기반 환경 조성의 일환으로 WTO 및 ASEAN 등 국제기구에 가입하고 여러 나라와 투자협정을 체결하며 국내법제를 국제기준에 맞추기 위한 법령 제정 및 개정작업을 활발히 진행하고 있다. 국제적으로 볼 때 아직까지는 최저개발국의 위치에 머물고 있지만, 적극적으로 국제사회기준을 흡수하려는 노력이 지속되고 있는 과정이라는 점은 확실하다. 다만, 캄보디아는 여전히 기업활동을 위한 여러 가지 개선이 앞으로도 많이 진행되어야 하는 과제를 안고 있다.

한국의 입장에서 보면 캄보디아는 ASEAN 회원국으로서 한-ASEAN FTA에 서명함으로써 장차 양국간 경제 교류가 활발해질 것으로 예상되고 캄보디아가 한국의 발전을 국가개발의 모델로 삼아 우리의 경험을 적극적으로 수용하고자 하고 있으며 한류로 대표되는 한국 문화에도 열광적인 반응을 보이고 있으므로, 우리는 이 기회를 경제적 협력 뿐만 아니라 우리의 정치, 법제, 문화 전반을 수출하는 계기로 삼아야 할 것이다. 이러한 의미에서 캄보디아를 포함한 동남아시아 국가들의 법제도에 관한 연구를 심화 · 발전시켜 나갈 필요가 있다.

부 록

1993년 캄보디아 헌법 전문

전문 우리, 캄보디아 국민은 다이아몬드처럼 빛나는 지고한 광휘와 훌륭한 문명으로 번영하고 번성한 영광스러운 국가를 건설한 전통을 이어왔음에도 지난 20년 동안 비통속에 국운이 기울어지고, 고통과 파괴를 겪고 심히 쇠약해져왔음에, 이제 각성하고, 결연히 결집하여 국민적 통합의 결속, 캄보디아의 영토와 주권 그리고 훌륭한 앙코르 문명의 보존과 방어, 그리고 법을 지키고 책임을 갖고 인간의 권리를 보장하는 다수 자유민주정권에 의거하여 캄보디아를 '평화의 섬'으로 복원하는데 모두 함께 결심하면서 결연한 의지를 가지고 우리는 다음을 캄보디아 왕국의 헌법으로 새긴다.

제1장 주권

제1조

캄보디아는 헌법과 자유민주주의와 복수정당제의 원리에 따라 지배하는 왕을 가진 왕국이다.

캄보디아는 독립적, 자주적, 평화적, 영구 중립적 비동맹 국가이다.

제2조

캄보디아 왕국의 영토는 1922~1953년에 작성된 10만분의 1 비율의 지도에 명시되고 1963~1969년 사이에 국제적으로 인정된 캄보디아 국경내에서 침해받지 않는다.

제3조

캄보디아 왕국은 분리되지 않는 국가이다.

제4조

캄보디아 왕국의 좌우명은 '국가,종교,왕' 이다.

제5조

공식언어와 문자는 크메르어다.

제6조

프놈펜은 캄보디아 왕국의 수도이다. 기, 국가, 문장 등은 부속조항 1, 2, 3에 정의된다.

제2장 왕

제7조

캄보디아 왕은 군림하나 통치하지 않는다.왕은 평생 동안 국가의 수장이다.왕은 불가침하다.

제8조

캄보디아 왕은 국가의 통합과 영속의 상징이다. 왕은 캄보디아 왕국의 독립, 주권, 영토의 보증인이며 모든 시민의 권리와 자유의 보호자이며 국제조약의 보증인이다.

제9조

왕은 공공의 권력의 추실한 집행을 보장하기 위해 중재자의 존엄한 역할을 맡는다.

제10조

캄보디아 군주는 지명된 정권이다. 왕은 계승자에게 왕권을 지명하는 권력을 가지지 않는다.
제11조
왕이 국회의장과 수상에 의하여 지명된 의사가 확인한 중병 때문에 국가 수장으로서 그 평상적 의무를 수행할 수 없을 경우 국회의장이 '섭정'으로 국가수장의 의무를 행사한다.
제12조
왕이 서거한 경우 국회의장은 캄보디아 왕국의 섭정의 권능을 가진 국가 수장서리로서 그 책임과 의무를 양도받는다.
제13조
7일 이내에 캄보디아의 새로운 국왕은 '왕권왕립위원회'에 의하여 선정된다.
왕권왕립위원회는 다음과 같이 구성된다.
- 국회의장
- 수상
- 모하니카이 불교종단과 타마유트 불교종단의 두 종정
- 국회의 제1, 제2부의장
왕권위원회의 조직과 기능은 법에 의하여 결정된다.
제14조
캄보디아 왕은 안동왕, 노로돔왕 혹은 시소와쓰왕의 혈통의 후손으로 적어도 30세 이상의 왕실 일원이어야 한다.
제15조
군림하는 왕의 부인은 캄보디아 여왕이라는 왕실의 직책을 갖는다.
제16조
캄보디아 왕국의 여왕은 정부의 수반 혹은 국가수장의 역할을 맡거나 혹은 다른 행정 또는 정치적 역할을 맡기 위해서 정치에 종사하는 권리를 갖지 않는다.

제17조

7조의 첫조항에 명시된 규정. '캄보디아 왕은 군림하나 통치하지 않는다'는 절대로 수정되지 않는다.

제18조

왕은 왕실전언으로 국회와 대화한다. 이 왕실전언은 국회의 토의에 종속받지 않는다.

제19조

왕은 100조에 명시된 절차에 따라 수상과 각의위원회를 지명한다.

제20조

왕은 국가문제에 관한 보고를 듣기 위해 수상과 각의위원회의 보고를 1개월에 2번씩 경청한다.

제21조

각의위원회의 제안에 왕은 고위공직자, 군장성, 대사, 특명정권대사 등의 임명, 이동, 면직을 실행하는 칙령에 서명한다.

최고법원의 제안에 왕은 판사의 임명, 이동, 파면등을 실행하는 칙령에 서명한다.

제22조

국가가 위험에 처할 때 왕은 수상과 국회의장의 동의로 국가의 비상사태를 선포한다.

제23조

왕은 왕립크메르군의 최고사령관이다. 왕립크메르군의 총사련광은 왕립크메르군을 지휘한다.

제24조

왕은 법에 의해 설립되는 국가방위 최고위원회의 의장으로 봉사한다.

왕은 국회의 승인을 얻어 전쟁을 선포한다.

제25조

왕은 캄보디아 왕국에 파견되는 외국의 대사 혹은 특명전권대사의 신임장을 접수한다.

제26조

왕은 국회의 승인이 이루어진 국제조약과 협정을 서명하고 비준한다.

제27조

왕은 부분 혹은 완전 사면을 수여하는 권한을 갖는다.

제28조왕은 헌법과 국회가 통과한 법을 서명 공포하고 각의위원회에서 통과된 법령에 서명한다.

제29조

왕은 각의위원회가 상정하는 훈포장을 제정, 수여한다.

제30조

왕의 부재시 국회의장은 국가수장의 대리를 맡는다.

제3장 크메르 시민의 권리와 의무

제31조

캄보디아 왕국은 유엔헌장과 세계인권선언에 명시된 인간의 권리와 여성과 어린이의 권리에 관계되는 협약과 협정을 인정하고 존중한다. 모든 크메르 시민은 종족, 색깔, 성, 언어, 종교적 신념, 정치적 성향, 출생기원, 사회적 신분, 부유함 혹은 다른 신분등에 관계없이 동일한 권리와 자유를 누리고 동일한 의무를 수행하고 법 앞에 평등하다.

개인에 의한 권리와 자유의 실행은 타인의 권리와 자유에 절대적으로 영향을 미치지 않아야 한다.

그와 같은 권리와 자유의 실행은 법에 따라 이루어져야 한다.

제32조

모든 크메르 시민은 생명, 개인적 자유와 안전에 대한 권리는 갖는다.

사형제도는 존재하지 않는다.

제33조

크메르 시민은 도망범 인도에 관한 상호협정이 없는 한 외국으로 추방

되거나 혹은 체포되거나 송환하지 않으며 국적을 박탈당하지 않는다.

제34조

성에 관계없이 모든 시민은 투표할 권리를 갖고 선거에 후보자로 입후보할 수 있다.

25세 이상의 시민은 피선거권을 갖는다.

선거권과 피선거권을 제안하는 규정은 선거법에서 정의된다.

제35조

성에 관계없이 모든 시민은 국가의 정치, 경제, 사회,문화적 생활에 적극적으로 참여할 권리를 갖는다. 국민제안은 국가기관에 의해 중요하게 고려된다.

제36조

모든 크메르 시민은 그들의 능력과 사회의 필요에 따라 직업을 선택할 권리를갖는다.

모든 크메르 시민은 같은 일에 같은 급료를 받는다.

가정에서 가정주부의 일은 가정 밖에서 일할 때 그들이 받을 수 있는 급료와 동일한 가치를 갖는다.

모든 크메르 시민은 법에 의하여 결정된 사회의 안전과 기타 사회적 이익을 얻는 권리를 갖는다.

모든 크메르 시민은 사업조합을 형성하고 그것의 회원이 되는 권리를 갖는다.

상업조합의 조직과 행위는 법에 의하여 결정된다.

제37조

파업과 비폭력시위에 대한 구너리는 법의 테두리 내에서 실시된다.

제38조

법은 어느 새인에 대한 물리적 학대가 없다는 것을 보장한다.

법은 모든 시민의 생명, 명예, 존엄을 보장한다.

개인에 대한 기소, 체포, 구급은 법 절차에 따르지 않는한 이루어지지 않는다.
구금자 혹은 죄수에게 부가적 벌을 부과하는 불법적 행위 혹은 강압, 물리적 고문은 금지된다.
그와 같은 행위에 연루, 공모, 집행하는 자는 법에 따라 처벌받는다.
물리적 혹은 정신적 강압에 의한 자백은 죄의 증거로 인정되지 않는다. 의심되는 송사사건은 피고인에게 유리하게 해결된다. 피고인은 법정이 마지막 판결을 내릴 때까지 무죄로 추정된다.
모는 시민은 변호인의 의뢰를 통해서 자신을 방어할 권리를 누린다.
제39조
크메르 시민은 국가와 사회기관 혹은 그것의 구성원에 의하여 자행된 법의 위반사항에 대하여 이의를 제기하거나 불만을 표출하거나 혹은 고발할 권리를 갖는다. 진정과 이의 제기에 대한 해결은 법원의 권한하에 이루어진다.
제40조
시민의 여행과 이동의 자유 그리고 법적 정착은 존중된다.
크메르 시민은 외국을 여행하거나 외국에 정착하거나 조국에 돌아올 권리를 갖는다.
주거의 사생활과 통신비밀에 대한 권리는 보장된다. 주택, 물품, 신체의 수색은 법에 따라 이루어진다.
제41조
크메르 시민은 표현, 언론, 출판, 집회의 자유를 갖는다. 전통에 영향을 미치거나 공공의 법과 국가의 안전을 파괴할 때 이 자유는 제한된다. 언론제도는 법에 의해 결정된다.
제42조
크메르 시민은 협회와 정당을 설립할 권리를 갖는다. 이 권리는 법에 의해 결정된다.
크메르 시민은 국가의 업적과 사회질서를 보호하기 위해 상호이익을 위한 대중조직에 참여할 수 있다.

제43조

모든 크메르 시민은 신념의 자유를 갖는다. 종교적 신념과 경배의 자유는 그것이 다른 종교적 신념에 영향을 주지 않거나 공공의 질서와 안녕을 파괴하지 않는 조건에서 국가에 의해 보장된다.

불교는 국가 종교이다.

제44조

개채적이나 혹은 집단적이거나 모든 인격은 소유권을 갖는다.

크메르 국적의 크메르 법적 존재와 시민만이 토지를 소유하는 권리를 갖는다.

법적 사유소유권은 법에 의해 보호된다.

어떤 인격으로부터 소유물을 몰수하는 권리는 법 아래 제공되는 공공의 이익에서만 집행되고 미리 공정하고 정당한 보상이 이루어져야 한다.

제45조

여성에 대한 모든 형태의 차별은 폐지된다.

여성의 불법고용과 착취는 금지된다.

남성과 여성은 겨혼과 가족의 문제 등을 포함하는 모든 분야에서 동등하다.

결혼은 한 사람의 남편과 한 사람의 부인 사이에 상호 동의한 원칙에 근거하여 법에 결정된 조건에 따라 실행된다.

제46조

인간의 거래, 여성의 명예에 영향을 미치는 매춘의 이용과 음란은 금지된다.

여성은 임신이라는 이유로 직장을 잃지 않는다. 여성은 출산휴가를 가질 권리를 가지며 이 기간에도 급료는 지급되며 신분상의 어떠한 변화도 따르지 않는다.

국가와 사회는 여성, 특히 적절한 사회적 지원없이 시골지역에서 생활하고 있는 여성들에게 기회를 제공하여 그들이 고용되고, 의료혜택을 받고 자녀들을 학교에 보낼 수 있게 하고 적정한 생활조건을 갖도록 노력한다.

제47조

부모는 자녀들을 돌보고 교육시켜 선량한 시민이 되게하는 의무를 갖는다.

자녀들은 크메르 전통에 따라 나이든 어머니와 아버지를 돌보는 의무를 갖는다.

제48조

국가는 아동에 관한 협정에 명시된 아동의 권리 특히 생활,교육,전쟁과 경제 및 성적 이용으로부터 보호받을 권리를 갖는다. 국가는 교육의 기획, 건강, 복지 등에 유해한 활동으로부터 어린이들을 보호한다.

제49조

모든 크메르 시민은 헌법과 법률을 존중한다. 모든 시민은 국가재건에 참여하고 조국을 방어할 의무를 갖는다.

국가 방어의무는 법에 의해 결정된다.

제50조

모든 크메르 시민은 국가주권의 원칙과 복수정당, 자유 민주주의를 존중한다.

모든 시민은 공공의 재산과 법적으로 획득된 개인의 재산을 존중한다.

제4장 정치

제51조

캄보디아 왕국은 자유민주주의와 복수정당제도의 정치를 채택한다.

캄보디아 국민은 그들 자신의 나라의 주인이다.

모든 권력은 국민에 속한다. 국민들은 국회, 왕립정부, 사법부를 통해서 이 모든 권력을 행사한다.
입법, 행정, 사법은 분립한다.

제52조

캄보디아 왕립정부는 캄보디아 왕국의 독립, 주권, 영토를 보호하고, 국가적 통합을 보장하는 국민적 화해의 정책을 채용하고 나라의 훌륭한 국가적 전통을 보존한다.
캄보디아 왕립정부는 법을 보존하고 공공의 질서와 안녕을 보장한다.
국가는 시민의 복지와 생활수준을 개선하는 노력에 우선권을 부여한다.

제53조

캄보디아 왕국은 영속적인 중립과 비동맹의 정책을 채택한다.
캄보디아 왕국은 이웃 나라와 세계의 여러 다른 나라들과 평화적 공존의 정책을 따른다.
캄보디아 왕국은 어떠한 나라도 침략하지 않으며 다른 나라의 내정문제에 직·간접적으로 간섭하지 않으며 상호이익을 존중하여 평화적으로 중립정책과 양립할 수 없는 군사협정을 맺지 않는다.
캄보디아 왕국은 영토 내에 외국의 군사기지를 허용하지 않으며 유엔의 요청이 있을 경우를 제외하고 외국에 어떠한 군사적 기지도 갖지 않는다.
캄보디아 왕국은 왕국의 군대를 훈련시키고 국가방어를 위하고 공공의 질서와 안녕을 유지하기 위해서 외국으로부터 군사장비, 무기, 병기 등을 원조받을 권리를 갖는다.

제54조

핵무기와 생화학무기의 제조, 사용, 저장은 절대적으로 금지된다.

제55조

캄보디아 왕국의 독립, 주권, 영토, 중립, 국가적 통합 등과 양립할 수 없는 조약과 협정은 무효하다.

제5장 경제

제56조

캄보디아 왕국은 시장경제제도를 채택한다. 이러한 경제제도의 준비와 시행은 법에 의해 결정된다.

제57조

조세징수는 법에 따른다. 국가예산은 법에 의해 결정된다.

금융과 재정제도의 관리는 법에 의해 규정된다.

제58조

국가재산은 명료하게 토지, 광물자원, 산, 바다, 해저, 대륙붕. 해안, 영해, 섬, 강, 운하, 시내, 호수, 숲 자연자원, 경제와 문화센타, 국가 방위기지. 그리고 국가재산으로 결정된 기타시설 등으로 구성된다.

국가재산의 조정, 사용, 관리는 법에 의해 결정된다.

제59조

국가는 풍부한 자연자원의 환경과 조화를 보호하고, 토지, 물, 공기, 바람, 지질, 생태계, 광산, 에너지 석유와 가스, 바위와 모래, 보석, 산림과 산림제품, 야생동물, 물고기와 수산자원 등의 정밀한 관리계획을 수립한다.

제60조

크메르 시민은 그 자신의 산물을 판매하는 권리를 갖는다. 국가에 상품을 판매하는 의무, 사유재산 혹은 국가재산의 임시사용은 특별한 환경아래 법에 의해 위임받지 않을 경우 금지된다.

제61조

국가는 모든 분야와 원거리 지역, 특히 농업, 공예, 산업의 경제적 발전을 촉진시키고 물, 전기, 도로와 교통수단, 현대기술에 주의를 기울인다.

제62조

국가는 생산문제에 주의를 기울이고 문제를 푸는 데 협력하고, 농부와 장인들의 생산품 가격을 보호하고 그들의 생산품을 판매할 수 있도록 시장을 알선한다.

제63조

국가는 국민의 보다 나은 생활수준을 보장하기 위해 시장관리를 존중한다.

제64조

국가는 소비자의 생명과 건강에 영향을 미치는 기간이 경과한 상품과 모조품과 불법적인 의약품을 금지하고 그것을 수입하거나 제조하는 사람을 가혹하게 처벌한다.

제6장 교육, 문화, 사회문제

제65조

국가는 모든 수준에서 양질의 교육에 대한 시민의 권리를 보호하고 격상시키고, 모든 시민에게 접근될 수 있는 양질의 교육을 위한 필요한 조치를 취한다.

국가는 모든 크메르 시민의 복지를 위한 육체적인 교육과 운동을 존중한다.

제66조

국가는 전 국가에 걸쳐서 모든 시민이 생계를 유지하는 동등한 기회를 갖도록 보장하기 위해서 교육의 자유와 평등의 원칙을 보장하는 포괄적이고 평균화된 교육제도를 제정한다.

제67조

국가는 기술과 외국어를 포함하여 현대 교육학의 원리에 따라 교육 프로그램을 채택한다.

국가는 모든 수준의 공립학교와 사립학교 및 각급 학교를 관리한다.

제68조
국가는 공립학교에서 모든 시민에게 초등과 중등교육을 제공한다.
시민은 적어도 9년동안 교육을 받는다.
국가는 팔리학교와 불교 교육기관을 보급하고 발전시킨다.
제69조
국가는 국가문화를 보존하고 홍보한다.
국가는 크메르어를 보호하고 촉진시킨다.
국가는 고대의 기념물과 공예품을 보존하고 보호하며 역사적 유적지를 복원한다.
제70조
문화예술적 유산을 훼손시키는 자는 혹독한 처벌을 받는다.
제71조
국민의 건강은 보장된다.
국가는 질병 방지와 의료활동에 최선을 다한다.
가난한 시민은 공공병원, 진료소, 산과병원에서 무료로 의료 상담을 받는다.
국가는 시골지역에 진료소와 산과병원을 설립한다.
제73조
국가는 어린이와 어머니에게 각별한 배려를 한다. 국가는 탁아소를 설립하고 부적절한 지원을 받는 여성과 어린이를 지원한다.
제74조
국가는 국가를 위해 목숨을 희생한 전투원의 가족과 장애자를 돕는다.
제75조
국가는 노동자와 피고용인을 위한 사회안전보장제도를 제정한다.

제7장 국회

제76조

국회는 적어도 1백20명의 인원으로 구성된다.

의원들은 자유, 보통, 평등, 직접, 비밀투표에 의해 뽑힌다.

의원들을 재당선될 수 있다.

선거에 입후보할 수 있는 크메르 시민은 적어도 25세의 나이로서 투표권을 갖는. 그리고 출생시 크메르 국적을 가진 크메르 시민으로 성별 관계없다.

선거준비, 절차, 선거과정은 선거법에 의해 결정된다.

제77조

국회의원은 그의 선거구의 크메르인뿐만 아니라 전 크메르 국민을 대표한다. 위임명령은 무효화된다.

제78조

국회의 입법기간은 5년이며 새로운 국회가 소집되는 날 종결된다.

국회는 왕립정부가 12개월 이내에 두 번 해임될 때를 제외하고 국회의 입법기간이 끝나기 전에는 해산되지 않는다. 수상의 제안을 접수하여 국회의장의 승인이 잇는 경우, 왕은 국회를 해산할 수 있다.

새 국회의 선거는 해산일로부터 60일 이내에 실시된다.

이 기간 동안 왕립정부는 일상적 업무를 수행하도록 권한 부여받는다.

전쟁시나 혹은 선거가 실시될 수 없는 다른 특별한 환경에서 국회는 왕의 요구로 1년동안 한 차례 그 기간을 연장할 수 있다. 그와 같은 연장은 적어도 재적의원 3분의 2의 찬성투표를 필요로 한다.

제79조

국회의원은 그가 왕립정부에 봉사하도록 요구된 때를 제외하고 헌법에 의해 설립된 다른 기관의 직을 보유하거나 어떤 활동적인 공공기능의 임무를 맡을 수 없다.

이러한 상황에서 지명된 보통의 국회의원직을 보유하지만 상임위원회와 그 밖의 다른 위원회에서 어떠한 지위도 인정되지 않는다.

제80조

국회의원은 면책특권을 누린다

의원은 자신의 임무를 수행하는 동안 표현된 의견 때문에 고발, 체포, 구금되지 않는다.

국회의원의 고발, 체포, 구금은 현행법의 경우를 제외하고 국회의 허가 혹은 국회 상임 위원회에 의한 허가로써만 가능하다.

그런 경우에 관할당국은 그 결정을 위해 국회나 혹은 상임위원회에 즉시 보고한다. 국회상임위원회의 결정은 국회 재적의원 3분의 2에 의한 승인을 위해 다음 회기에 국회에 상정된다.

어떠한 경우에도 의원의 구금 혹은 집행은 국회재적 의원 4분의 3의 다수 투표에 의해 중지된다.

제81조

국회는 그 기능을 수행하기 위하여 자치예산을 갖는다.

의원은 보수를 받는다.

제82조

국회는 왕의 통지로 선거 후 60일 이내에 최초 회기를 갖는다.

국회는 개회하기 전에 의원 개인의 위임이 유효성을 결정하고 재적의원 3분의 2로 의장, 부의장, 각 위원회의 위원을 각각 투표에 의하여 뽑는다.

모든 의원은 부속조항 5에 따라 수임하기에 앞서 선서하여야 한다.

제83조

국회는 1년에 2번 보통회기를 소집한다.

각 회기는 적어도 3개월 동안 지속한다. 왕, 수상으로부터 혹은 재적의원 3분의 1의 찬성으로 소집요구가 있으면 국회상임위원회는 특별회기를 소집한다.

이 경우에, 특별회기의 아넌은 물론 회기일자가 전 의원에게 통보되어야 한다.
제84조
국회회기 동안에 국회상임위원회는 국회의 업무를 조정한다.
국회상임위원회는 의장, 부의장, 그리고 각 위원회의 장들로 구성된다.
제85조
국회회기는 특별한 환경 때문으로 소집에 대한 명문규정이 없는 한 국회에서 개최된다.
명문화된 장소와 일자로 규정된 호기를 제외하고 어떠한 국회의 회의라도 불법적이고 무효한 것으로 간주된다.
제86조
국가가 비상사태에 처할 경우, 국회는 계속적으로 매일 소집된다.
국회는 상황이 호전될 경우는 언제라도 비상사태를 종결할 권리를 갖는다.
국회가 외국군대에 의한 점령과 같은 상황 때문에 소집 될 수 없다면 비상사태선언은 자동적으로 연장된다.
비상사태 동안 국회는 해산되지 않는다.
제87조
국회의장은 국회회기의 의장직을 맡고, 국회에 의하여 채택된 법안과 결의안을 접수하고, 내부 절차법의 이행을 보장하고 외국과의 국회관계를 관리한다.
의장이 질병 때문에 그 의무를 수행할 수 없거나 임시로 국가수장의 기능을 충족시킬 수 없거나 혹은 사절로 외국에 나가 있을 때 부의장이 그를 대신한다.
의장 혹은 부의장이 사퇴나 혹은 사망의 경우 국회는 새로운 의장 혹은 부의장을 뽑는다.
제88조
국회회기는 공개 속에 개최된다.

국회는 왕, 국회의장, 수상 혹은 재적의원 10분의 1의 요구가 있을 경우 비공개 속에 개최된다.
국회회의는 국회의원 10분의 7의 정족수가 있다면 유효한 것으로 간주된다.
제89조
국회의원 10분의 1의 요구로 국회는 중요하고 특수한 문제를 해명하기 위하여 고위공직자를 초대한다.
제90조
국회는 입법권력을 가지는 유일한 기관이다.
이 권력은 어떤 다른 기관 혹은 개인에게 양도될 수 없다. 국회는 국가예산, 국가계획, 차관, 대출, 조세의 신설, 변경과 폐지 등을 승인한다.
국회는 행정판단을 승인하고, 사면에 관한 법을 승이난다. 국회는 조약 혹은 국제협정을 승인 혹은 파기한다.
국회는 전쟁선포에 과난 법을 승인한다.
앞서 언급된 조항의 채택은 재적의원 과반수로 결정된다.
국회는 재적의원 3분의 2로 옹립정부의 신임을 묻는다.
제91조
의원과 수상은 입법권한을 가진다.
이원은 법조항의 수정을 제아날 권한을 갖는다. 그러나 그 제안은 만약 공공의 이익을 줄이거나 국민에게 부담을 증가시키는 것이라면 수락될 수 없다.
제92조
국가독립, 주권, 영토를 보존하는 원칙에 반하고 정치적 통합과 혹은 국가의 행정에 영향을 미치는 것으로 국회에 채택된 법률은 무효이며 헌법위원회는 이러한 무효를 결정하는 유일한 기관이다.
제93조
국회에 의해 승인되고 고포를 위해 왕이 서명한 법률은 서명 후 10일

이 지나 프놈펜에 발효되고 20일이 지나 전국에 걸쳐 발효된다. 긴급으로 규정된 법률은 선포 후 전국에 걸쳐 즐시 발효된다.

제94조

국회는 필요한 여러 위원회를 설립한다. 국회의 조직과 기능은 국회내부 절차법에 의해 규정된다.

제95조

국회의원의 임기가 끝나는 6개월 전에 의원의 사망, 사표, 해임, 등이 있는 경우 대리자는 국회내부 절차법과 선거법에 따라 임명된다.

제96조

의원은 왕립정부를 견제할 군한을 갖는다. 그 견제행위는 국회의장을 통해서 서면으로 제출된다.

답변은 한 명 혹은 수명의 장관의 책임에 관계된 문제에 따라 한 명 혹은 수명의 각료에 의하여 이루어진다.

만약 그러한 겨우가 앙립정부의 종합적 정책과 관련된 것이라면 수상 단독으로 답변된다.

장관 혹은 수상의 설명은 구두 혹은 서면으로 이루어질 수 있다.

설명은 질문이 접수된 후 6일 이내에 제공되어야 한다. 구두답변인 경우 국회의장은 공개적 토론을 개최할 것인지 결정한다. 토론이 없다면 장관 혹은 수상의 답변은 종결된 것으로 간주된다.

토론이 있는 경우 질문자, 기타 이의자, 장관 혹은 수상등은 1회기를 초과하지 않는 범위 내에서 견해를 교환할 수 있다.

국회는 질문과 답변을 위해 매주 1일씩 소집된다. 이 목적으로 준비된 회기 동안 결의사항은 없다.

제97조

국회위원회는 어떤 문제를 규명하기 위해 책임소재 하에 있는 관련 장관을 초청한다.

제98조

국회는 재적의원 3분의 2에 의한 불신임 결의로 왕립정부의 각료 일부 혹은 전부를 해임할 수도 있다.
불신임안은 전 국회가 결정할 수 있도록 적어도 국회의원 30명으로 국회에 상정된다.

제8장 왕립정부

제99조

각료회의는 캄보디아의 왕립정부이다.
각료회의는 부수상, 장관과 차관 등의 조력을 받는 한 명의 수상에 의해 선도된다.

제100조

국회의장의 추천과 두 명의 부의장의 동의로 왕은 왕립정부를 구성하기 위해 선거에서 승리한 정당의 의원으로 정부의 고위관리를 임명한다. 이렇게 임명된 고위관리는 왕립정부의 각료를 지휘한다.
각료는 국회의원이거나 혹은 국회에 대표된 정당의 당원이어야 하며 국회로부터 신임을 받아야 한다.
국회가 신임한 후에 왕은 전체적 각료회의를 임명하는 칙령을 발표한다. 각료회의는 공식 취임에 앞서 부속조항 6에 명시된 바와 같이 선서한다.

제101조

왕립정부 구성원의 직무는 상업 혹은 산업의 직업적 활동과 양립할 수 없으며 공익사업회사의 어느 직도 겸임할 수 없다.

제102조

왕립정부의 구성원은 왕립정부의 종합적 정책에 대해 국회에 집단적으로 책임을 진다.
각 구성원은 자신의 행위에 대해 수상과 국회에 개인적 책임을 진다.

제103조

구성원은 책임을 면책시키는 입장으로서 누구에게도 서면이나 구두로 명령을 사용할 수 없다.

제104조

각료회의는 전체회의 혹은 소관회의로 매주 소집된다.

수상은 전체회의 의장을 맡는다.

수상은 소관회의를 주재하도록 부수상을 지명한다.

각료회의의 의사록은 왕에게 정보용으로 제출된다.

제105조

수상은 부수상 혹은 왕립정부의 어느 구성원에게 자신의 권력을 위임할 권리를 갖는다.

제106조

수상의 직위가 영구적으로 비워지게 되면 새로운 각료회의가 이 헌법에 규정된 절차에 따라 임명된다.

그 공백이 일시적이라면 수상대리가 임시적으로 지명된다.

제107조

왕립정부의 구성원 모두는 자신의 직무과정에 일어난 범죄 혹은 부정행위에 대해 처벌받는다.

그런 경우와 구성원이 자신의 직무과정에서 심각한 위법행위를 범했을 때 국회는 소관법원에 그 구성원의 위법성을 제소한다. 국회는 비밀투표를 통해서 재적의원 과반수로 그와 같은 문제를 결정한다.

각료회의의 조직과 기능은 법에 의해 결정된다.

제9장 사법

제109조

사법은 독립권력이다.

사법부는 공정성을 보장 유지하고 시민의 권리와 자유를 보장한다.

사법부는 행정소송을 포함하는 모든 소송을 담당한다.

사번권력은 최고법원과 모든 분야와 수준의 하급법원에 부여된다.

제110조

재판을 법적절차와 관련법에 따라 크메르 시민의 이름으로 수행된다.

오로지 판사만이 판결권을 갖는다.

판사는 법을 엄격하게 존중하여 성심과 양심에 따라 자신의 직분을 다한다.

제111조

사법권력은 입법 혹은 집행의 하급기관에 부여되지 않는다.

제112조

오로지 검찰기관이 공소권을 갖는다.

제113조

왕은 사법독립의 보장인이다. 최고사법위원회는 왕의 이 문제를 돕는다.

제114조

판사는 파면되지 않는다. 최고사법위원회는 직무태만의 판사를 징계처분한다.

제115조

최고사법위원회는 그 기능과 구성을 결정하는 조직법에 의해 설립된다.

최고사법위원회는 왕이 그 의장직을 맡는다. 왕은 이 회의를 주재할 대표자를 임명할 수 있다.

최고사법위원회는 판사나 혹은 검사에 대한 징계처분을 결정하기 위해서 최고법원장 혹은 검찰총장의 주재 하에 소집된다.

제116조

판사와 검사의 법령과 사법부의 기능은 별도의 법에 규정된다.

제10장 헌법위원회

제117조

헌법위원회는 헌법을 보호하고, 헌법을 해석하고 국회에 의해 통과된 법률을 보호하는 의무를 가진다.

헌법위원회는 국회의원의 선거를 포함하여 당선무효 소송을 조사하고 결정한 권리를 갖는다.

제118조

헌법위원회는 9년의 임기를 가진 9명의 위운으로 구성된다.

위원회의 3분의 1이 매 3년마다 고체된다. 3명은 왕에 의해서, 3명은 국회에 의해서 그리고 위원장은 헌법위원회의 위원에 의하여 뽑힌다. 그는 동수 투표일 경우 결정권을 갖는다.

제119조

위원회의 위원은 법, 행정, 외교 혹은 정치학의 최고 학위를 갖고 있는, 그리고 상당한 경력을 갖고 있는 고위공직자 중에서 선정된다.

제120조

헌법위원회의 위원의 직무는 왕립정부각료, 국회의원, 정당의 당수 혹은 부당수, 상업조합의 회장 혹은 부회장, 현직의 판사 등의 직과 겸임할 수 없다,

제121조

왕, 수상, 국회의장 혹은 국회의원의 10분의 1은 공포에 앞서 검토를 위해 헌법위원회에 법안을 보내야 한다.

국회절차법과 여러 조직법은 공포에 앞서 헌법위원회에 보내진다.

헌법위원회는 그 법과 내부 절차법이 합헌적인지 30일 이내에 결정한다.

제122조

법이 공포된 후에 왕, 수상, 국회의장, 국회 재적의원 10분의 1의 의원 혹은 법원은 헌법위원회에게 그 법의 합헌성을 검토하도록 요구할 수

있다.
시민은 위 조항에서 규정된 바와 같이 국회의장 혹은 그들의 선거구 대표자를 통해서 법류의 합헌성을 호소할 권리를 갖는다.
제123조
헌법위원회의 해석으로 위험임이 드러난 조항 혹은 규정은 공포되거나 실행될 수 없다.
위원회의 결정은 최종적이다.
제124조
왕은 헌법을 수정하는 모든 제안에 관해 헌법위원회와 상의한다.
제125조
조직법은 헌법위원회의 조직과 기능을 규정한다.

제11장 행정

제126조
캄보디아 왕국의 영토는 주와 자치시로 나누어진다.
주는 군(Srok)으로 군(Srok)은 면(Khum)으로 나뉘어 진다.
자치시는 구(Khan)로 구(Khan)는 동(Sangkat)으로 나뉘어진다.
제127조
주, 자치시, 군, 면, 구, 동 등은 조직법에 따라 통치된다.

제12장 국민회의

제128조
국민회의는 국민으로 하여금 여러 가지 국민관심사항에 대해 직접적으로 정보를 받을 수 있도록 하게하고 정부당국에 문제를 제기하여 그것을 해결할 수 있도록 한다.
모든 크메르 시민은 국민회의에 참가할 권리를 갖는다.
제129조

국민회의는 수상의 소집으로 12월 초 1년에 1회 개최된다. 국민회의는 왕의 주재하에 진행된다.

제130조

국민회의는 정부당국과 국회에 의한 사려깊은 추천을 채택한다.

국민회의의 조직과 기능을 법에 의하여 규정된다.

제13장 헌법의 발효, 개정과 수정

제131조

이 헌법은 캄보디아 왕국의 최고법이다.

국가기관에 의한 법률과 결정은 헌법에 엄격하게 순응하여야 한다.

제132조

헌법을 수정하거나 재고하는 발의권은 왕, 수상, 국회재적의원 4분의 1의 제안을 가진 국회의원 등의 특권이다.

개정 혹은 수정은 3분의 2의 찬성으로 국회에 의해 통과된 헌법으로 이루어진다.

제133조

개정 혹은 수정은 86조에서 규정한 바와 같이 국가가 비상상태에 있는 경우 금지된다.

제134조

자유 및 복수정당제 민주주의 제도와 헌법사으이 군주정치에 영향을 미치는 수정이나 개정은 금지된다.

제14장 경과규정

제135조

이 헌법이 채택된 뒤 이 헌법은 캄보디아 국가수장에 의해 즉시 선포된다.

제136조

이 헌법이 발효된 이후 제헌의회는 국회가 된다.
국회의 내부절차법은 국회에 의해 채택된 후 발효된다.
국회가 아직 기능을 못할 경우 국회의장과 제1, 제2 부의장은 국가의 상황에 따라 요구된다면 왕권위원회에서의 의무를 맡지 않는다.

제137조

이 헌법이 발효된 후 최초 입법기 동안 캄보디아 왕국의 국왕은 국회의장과 두 부의장은 동의를 구한 후 제 1수상과 제2수상을 임명하여 왕립성부를 구성한다.

제138조

정부재산, 권리, 자유와 법적 사유재산을 보호하고, 국민적 관심에 일치하는 캄보디아인의 법률과 일반 문서는 이 헌법의 정신에 반대되는 규정들을 제외하고 새로운 내용으로 변경되거나 폐지될 때까지 계속 유효하다.

주요 참고문헌

국내문헌

김봉철 · 이준표,「캄보디아 기업법상 회사지배구조의 특징」,『동남아연구』 제21권 제2호, 동남아연구소, 2011. 9.

김종천,「캄보디아의 입법체계」,『최신외국법제정보』 2011년 제1호, 한국법제연구원, 2011.

법무부,『lnvestment & Business Guide- 캄보디아 회사 · 세무 · 투자』, 2010. 10.

오성근,「주주대표소송에 관한 소고 : 상법과 영국의 회사법제와의 비교를 중심으로」,『상사법연구』, 제29권 제2호 통권 제67호, 2010

이세인,「미국기업지배구조의 시대적 변천」,『법학논총』, 제30권 제2호, 2010.

이준현,「일본의 캄보디아 민법 제정 지원과 제정된 민법의 내용」,『법조』 제60권 제5호 통권 제656호, 2011. 5.

이철송,『회사법』, 제17판, 박영사, 2010.

정용상 외4,『ASEAN투자법령 해설서 II - 라오스, 캄보디아, 미얀마』, 한국법제연구원, 2013. 11.

주캄보디아대사관,『캄보디아 통상투자 법률가이드 북』, 주캄보디아대사관, 2010.
최수정, 「캄보디아의 사법체계」, 『최신외국법제정보』 2011년 제1호, 한국법제연구원, 2011.
최완진, 「이중대표소송에 관한 법적고찰」,『경영법률』, 제18집 제2호, 2008.
홍종학, 「미국과 영국의 기업집단 개혁과 시사점」,『한국경제연구』, 제21권, 2008.

해외문헌

Ministry of Commerce · ADB, A Handbook on Commercial Registration, 2008
鮎京正訓(編),『アジア法ガイドブック』, 名古屋大學ヤ出版會, 2009.
安田信之,『東南アジア法』, 日本評論社, 1999.
小林俊彦, 「カンボジアの統治機構sの概觀」, 『ICD NEWS』(第29号), 2006. 12.
松本恒雄, 「カンボzジア民法典の制定とその特色」, 『ジュリスト』 No. 1406, 有斐閣, 2010. 09. 01
香川孝三 · 金子由芳(編), 法整備支援論:制度構$築の國際協力入門, ミネルヴァ書房, 2007
新美育文, “カンボディア民法典(草案) 物權編, 各種契約 · 不法行爲編および債務擔保編の概要”, 「ICD NEWS」(第7号), 2003. 1

캄보디아지역법 **아시아지역법총서 02**

초판 인쇄 2014년 12월 9일
초판 발행 2014년 12월 15일

지 은 이 김봉철, 이준표
저작권자 한국외국어대학교 법학연구소
발 행 인 김인철
발 행 처 한국외국어대학교 지식출판원
130-791 서울특별시 동대문구 이문로 107
전화 02)2173-2495~7
팩스 02)2173-3363
홈페이지 http://press.hufs.ac.kr
전자우편 press@hufs.ac.kr
출판등록 제6-6호(1969. 4. 30)
편집 · 디자인 (주)이환디앤비 02)2254-4301
인쇄 · 제본 네오프린텍(주) 02)718-3111

ISBN 978-89-7464-949-4 94360 정가 12,000원
ISBN 978-89-7464-947-0 (세트)

*잘못된 책은 교환하여 드립니다.

HUiNE은 한국외국어대학교 지식출판원의 어학 및 사회과학도서 Sub Brand이다. 한국외대의 영문명인 HUFS, 현명한 국제전문가 양성의 (International+Intelligent)의 의미를 담고 있으며, 휴인(携引)의 뜻인 '이끌다, 끌고 나가다'라는 의미처럼 출판계를 이끄는 리더로서, 혁신의 이미지를 담고 있다.